Barbara Stern

Macht und Magie des Geldes

Barbara Stern

MACHT UND MAGIE DES GELDES

»DAS STERNTALERPRINZIP«

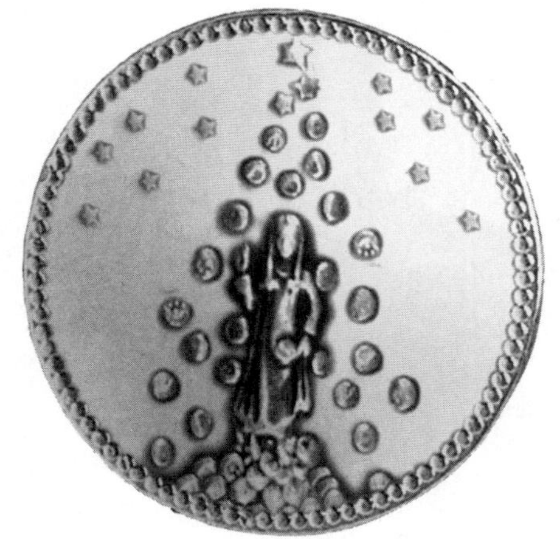

Die Macht des Geldes brechen –
die Magie des Geldes nutzen

Stellungnahme des Verlages: Warum wir an der »alten« Rechtschreibung festhalten
Wir halten die »neue« Rechtschreibung für eine Fehlgeburt, und das konnte auch gar nicht anders sein, weil der Ansatz der Reformer war, das Schreiben einfacher zu machen. Wir als Verlag veröffentlichen unsere Bücher aber für Sie, liebe Leserin/lieber Leser – Sie sollen es als Leser einfach haben. Das Lesen und das Verständnis ist bei vielen Regeln der »alten« Rechtschreibung einfacher und klarer. (Denken Sie nur einmal, daß nach der neuen Rechtschreibung, zwei Autoren kein Buch mehr zusammenschreiben können, es hieße dann immer, sie hätten es zusammen geschrieben, auch wenn sie es zusammengeschrieben haben.) Im übrigen sind die neuen Regeln nun auch nicht eben frei von Widersprüchen. Auf Wunsch senden wir Ihnen gerne ein ausführliches Info mit den wichtigsten Ungereimtheiten am »Neuschrieb«.

2 3 4 5 6 7 8 9 12 11 10 09 08 07 06 05 04

Macht und Magie des Geldes
Barbara Stern

Titelseite:
Dragon Design, GB
nach einem Motiv eines alten Silbermessers

Satz und Typographie:
Dragon Design GB, gesetzt aus der Galliard

Gesamtherstellung:
Legoprint, Lavis

Printed in Italy

ISBN 3-89060-049-2

NEUE ERDE Verlag GmbH
Cecilienstr. 29 · 66111 Saarbrücken
Deutschland · Planet Erde
info@neueerde.de · www.neueerde.de

Inhalt

Einleitung 7

DAS WESEN UND WIRKEN DES GELDES

1. Geld und der Sinn des Lebens 9
2. Was ist Geld? 16
3. Die schwarze Magie des Geldes – der göttliche Mammon und seine dunklen Propheten . . . 19
4. Die magische Anziehungskraft des Geldes 32
5. Das nährende Chi – das todbringende Sha 37
6. Die weiße Magie des Geldes 45
7. Wir werden eigenmächtig – der Ruf der inneren Stimme . . 49
8. Den optimalen Reichtum finden 57
9. Großzügigkeit 60
10. Ich glaube nicht an Konkurrenz 66
11. Geld und Spiritualität 72

MAGISCHE ÜBUNGSVORSCHLÄGE

Vorbemerkungen 78

1. Mit Körper, Geist und Seele 80
2. Spüre die Erde – die Haltung der Magierin 81

3. Bändige den Verstand 82
4. Immer locker bleiben! 84
5. Die Parkplatz-Methode 85
6. Eng und weit – das Universum ist unermeßlich 86
7. Erkenne die Geldsucht rechtzeitig 88
8. Die Egofalle – mit dem Kopf in den Sternen
und den Füßen auf der Erde 90
9. Du bist ein Kind der Sterne – du mußt es dir nicht verdienen 92
10. Ein Hexenritual 94

SCHUTZ VOR SCHWARZER MAGIE
1. Der energetische Schutzschild 98
2. Das Lachen 101

ANHANG
Märchentexte
Vom Fischer und seiner Frau *103*
Hans im Glück *115*
Die Sterntaler *122*
Literaturempfehlungen 124

AUFKLEBERAKTION:
Ich bin nicht käuflich – oder: Wer ist hier naiv? 126

Einleitung

Fast alle Erscheinungsformen menschlichen Handelns wurden in den letzten Jahren auf ihre Gültigkeit für uns Menschen überprüft. Über Ehe, Sexualität, Familie, Gesellschaft, Kirche, Arbeitswelt, Universitäten, Landwirtschaft, Aufrüstung, Umweltschutz, Atomenergie usw. wurde und wird kontrovers diskutiert. Nur zum Thema Geld fehlt uns die kritische Distanz.

Warum reden wir nicht über die Rolle des Geldes in unserem Leben? Das Geld scheint die einzige unverrückbare Konstante in unserem Leben zu sein; etwas, das man zum Leben braucht wie die Luft. Seine Realität wirkt auf den ersten Blick selbstverständlich. Wer mit Geld umgeht, tut scheinbar etwas so Elementares wie atmen. Das Geld scheint mit der Existenz des Menschen verwachsen zu sein. Jeder vernünftige und rational denkende Mensch würde bestätigen, daß er oder sie gelernt hat, mit Geld umzugehen, es sich einzuteilen und es für die Verwirklichung der persönlichen Ziele zu nutzen. Wir geben im Umgang mit Geld gerne vor, verstandesorientiert zu handeln, aber die Welt des Geldes hat mehr mit Zauber, Magie und Glaube zu tun, als mit Rationalität. (Wir alle sind im Umgang mit Geld magisch tätig, ob wir uns dessen bewußt sind oder nicht.)

Unser Wirtschaftssystem beruht auf Konkurrenzdenken. Ich bin davon überzeugt, daß wir Menschen von Grund auf harmonische Wesen sind und daß wir uns deshalb mit der jetzigen Form unseres Wirtschaftssystems unglücklich machen. Es gäbe für uns alle Alternativen. Wir können uns von der Dominanz des Geldes und dem Konkurrenzdenken, den Versagensängsten und dem Konsumterror befreien.

Ich glaube, um sich von der Macht des Geldes zu befreien, braucht man einen klaren Kopf und bewußte Magie. Das Geld hat nur die Macht, die wir ihm geben. Über mich hat es keine.

Dies ist außerdem ein Buch

- gegen die Angst vor dem Verlust des Geldes,
- gegen die Sorge, nicht genug Geld verdient zu haben,
- gegen die Sorge, irgendwelche Geldbeträge falsch angelegt zu haben,
- gegen die Angst, irgendwann nicht mehr genug Geld zur Verfügung zu haben,

… damit Geld und Reichtum wieder zu Dienern der Menschen werden.

Im ersten Teil des Buches beschreibe ich allgemein das energetische Wesen des Geldes. Der zweite Teil ist magischen Übungsvorschlägen gewidmet, anhand derer man lernen kann, den energetischen Fluß des Geldes zum eigenen Vorteil zu beeinflussen. Die Erkennungsmerkmale von schwarzmagischen Verknüpfungen und wie man sich wirksam vor schwarzer Magie des Geldes schützen kann, runden das Angebot dieses magischen Ratgebers ab.

I.

DAS WESEN UND WIRKEN DES GELDES

1. Geld und der Sinn des Lebens

Wer dem Weg folgt,
wird eins mit dem Weg;
wer tugendhaft ist,
wird eins mit der Tugend;
wer sie verliert,
wird eins mit dem Verlust.
Lao Tse

Für mich besteht der Sinn des Lebens ganz klar darin, den eigenen Lebensweg zu finden. Ich brauchte lange, bis ich meinen Lebensweg fand. Ich war schon fast dreißig Jahre, als ich spürte, daß es so nicht mehr weitergehen konnte. Ich war Geschäftsführerin, hatte Volkswirtschaftslehre studiert, hätte meine Karriere in diese oder jene Richtung ausbauen können und saß doch plötzlich auf meinem Bett, und mir war vollkommen klar: Ich muß damit aufhören. Ich muß Musikerin werden.

Nun konnte ich zu diesem Zeitpunkt auf der Gitarre gerade mal ein paar einfache Akkorde spielen und leidlich dazu singen.

Sämtliche Alarmglocken meines Verstandes begannen zu klingeln: »Geld, Geld, Geld! Wie kannst du dir einbilden, als Musikerin deinen

Lebensunterhalt zu verdienen, wenn so viele gute Musiker ohne Engagement in ihren Proberäumen hocken?«

Ich brauchte damals sehr viel Mut. Innerlich zerrissen, fühlte ich mich, als wenn ich auf einem schmalen Holzbalken über eine tiefe Schlucht balancieren müßte. In der Tiefe hörte ich einen reißenden Fluß rauschen. Ein Schritt daneben – und »aus«.

Genau in dieser Situation fiel mein Blick auf mein Bücherregal gegenüber und ein schmaler roter Buchrücken glotzte mich an. Es war mein Neues Testament aus der Schulzeit, das ich schon seit Jahren nicht mehr in der Hand gehalten hatte. Ich zog es aus dem Regal und schlug es auf. Sofort sprang mir der Satz »Seid wie die Vögel des Feldes, sie säen nicht, sie ernten nicht, und Gott ernährt sie doch« in die Augen. »Ha, ha«, triumphierte mein Verstand, »jetzt bist du endgültig durchgeknallt. Du bist ja wohl kein Vogel, dem ein paar Körner genügen.«

Mein Verstand warf mir bei der Suche nach meinem Lebensweg ständig Knüppel zwischen die Beine – meist finanzieller Art. Obwohl mir ganz klar war, daß ich nicht auf der Welt bin, um mich im Wirtschaftsgeschehen zu zerreiben, machte mein Verstand es mir sehr schwer, das Althergebrachte zu verlassen. Er gaukelte mir vor, daß ich verarmen würde, von einer späteren Rente mal ganz zu schweigen.

Meine Familie war auch nicht begeistert. Jetzt hatte ich so lange studiert, fing gerade an, Geld zu verdienen, um dann Künstlerin zu werden. Meine Oma sprach zwei Jahre fast kein Wort mit mir.

Aber ich beschloß, diesem Satz »Seid wie die Vögel des Feldes...« eine Chance zu geben und meditierte fast jeden Tag über ihn.

Mir war klar, daß ich jetzt, wo ich das Problem erkannt hatte, meinen Lebensweg finden mußte, also machte ich mich auf die Suche. Musik mußte etwas damit zu tun haben, mehr wußte ich nicht. Nach ein paar Wochen ergaben sich die ersten Zufälle mit Workshops, Konzerten, Begegnungen. Ich begann, meinen Weg als Musikerin zu gehen. Ich jobbte alles mögliche nebenbei und war immer noch nicht so weit, daß ich sagen konnte, warum ich auf der Welt war, aber ich hatte mich auf die Suche gemacht. Wenn wir uns auf die Suche nach dem Sinn des Lebens machen, finden wir unseren Lebensweg. Und ich bin sicher: Wer sich auf die Suche nach seinem Lebensweg macht, dem hilft das ganze Universum. Wer so bewußt lebt, braucht niemals zu verhungern. Ich kenne niemanden, der diesen Schritt getan hat, der es später bereut hätte, aber ich kenne leider sehr viele, die aus falschem Sicherheitsdenken ihr eigentliches Leben nie gelebt haben.

Um bei der Suche voranzukommen, ist es wichtig, auf die innere Stimme zu hören. Dazu muß man still sein, das heißt stillsitzen und nichts tun. Wirklich nichts, auch nichts denken. Hier haben wir schon das Problem: Unseren Verstand zu beherrschen, lernen wir nicht. Uns wird während der Schulzeit und der beruflichen Ausbildung sehr viel Wissen vermittelt, aber nicht, wie man Herr oder Herrin über den eigenen Verstand wird.

Die bohrende Frage des Verstandes nach dem Geld kann Menschen den Mut nehmen, ihren Lebensweg zu suchen. Aber Geld kann die Antwort auf die Frage nach dem Sinn des Lebens nicht beantworten, und so bleiben die Menschen in einem Dilemma hängen und werden dabei sehr unglücklich.

Sie hören nicht mehr auf ihre innere Stimme, die ihnen rät, ihr Leben zu ändern, weil sie nicht wissen, in welche Richtung sie gehen sollen, und weil sie die finanziellen Einbußen fürchten. Geld an sich ist weder gut noch schlecht, doch wenn es mich daran hindert, meinen Lebensweg zu gehen, hat es keinen guten Einfluß auf mich. Immer, wenn ich dem Geld zu viel Aufmerksamkeit widme, kann es mich von meiner inneren Stimme ablenken. Wenn ich mit meiner gesamten Aufmerksamkeit nur aufs Geldverdienen ausgerichtet bin, versäume ich die Chance, nachzuspüren, ob das, was ich tue, noch zu mir paßt. Ich persönlich würde noch mit achtzig mein Leben ändern, wenn ich das Gefühl hätte, in einer Sackgasse gelandet zu sein. Wenn man keine Veränderungen mehr zuläßt, setzt der Tod ein. Die Angst vor finanziellen Einbußen kann einen daran hindern, wichtige Veränderungen zuzulassen. Aber ebenso können die Verlockungen des Geldes einen daran hindern, sich der inneren Stimme überhaupt bewußt zu werden. Die Ablenkungen durch das Geldverdienen und das Geldausgeben und die damit verbundene Geschäftigkeit lassen einen nicht die benötigte Ruhe finden. Man ist ständig geschäftig, aber lebt am eigentlichen Leben vorbei. Es ist »out«, Dingen auf den Grund zu gehen. Schnell und effizient wird gearbeitet und sich amüsiert. Jemand, der Zeit zum Nachdenken will oder braucht oder gar einer Idee nachspüren will, wirkt antiquiert. Auf dem Menschenmarkt sind nur die gefragt, die schnell ein Ergebnis vorweisen können. Dadurch geht der Sinn verloren. Wenn man sich keine Zeit mehr nimmt, die Frage nach dem »Warum?« zu stellen, wird es bald beliebig, in welche Richtung man rennt. Hauptsache, man ist in Bewegung. Ein Mensch, der »trendy« ist, ist ständig unterwegs. Er findet seine Richtung durch die Impulse, die von außen kommen, paßt seine Persönlichkeit der Umwelt an, orientiert sich an der jeweiligen Mode.

Es ist mir nicht möglich, dieses Kapitel zu schreiben, ohne den Begriff Gott oder höhere Mächte oder Kräfte zu benutzen, weil sie nun mal in meiner Welt eine so große Rolle spielen. Ich sehe den Sinn meines Lebens darin, meinen eigenen göttlichen Funken in der Welt zum Ausdruck zu bringen. Durch die Ausübung der Schöpferkraft wird die materielle Welt des Menschen mit seiner immateriellen verbunden. Spirituelles Handeln zeichnet sich dadurch aus, daß das Handeln nach außen durch die eigene innere Spiritualität befruchtet wird.

Geld kann helfen, der Schöpferkraft nach außen Ausdruck zu verleihen, aber ich kann meiner Schöpferkraft auch Ausdruck verleihen, wenn ich kein Geld habe, zum Beispiel im Ritual oder indem ich liebe.

Aufrichtige Rituale, die mit aufrichtigem Herzen durchgeführt werden, sind typische Handlungen, in denen die innere Haltung und die äußere Welt übereinstimmen, zum Beispiel eine rituelle Waschung oder das rituelle Anzünden eines Feuers. Im Zen-Buddhismus gibt es viele solcher klaren, einfachen Rituale, die dem Menschen helfen, sich auf sich selbst zu konzentrieren. Sie sind erst dann vollkommen, wenn der

Mensch, der sie ausführt, während der Ausführung an nichts anderes denkt. Es ist ein wunderbares Gefühl, wenn der Ruf der inneren Stimme und die äußere Welt des Menschen übereinstimmen. Der Verstand drängelt sich aber oft nörgelnd dazwischen. Viele Menschen spüren das und versuchen, dem Verstand zu entkommen durch Drogen oder durch Magie.

Magie setzt den Verstand außer Kraft. Drogen tun das auch. Geld vereint beides. Wie wir noch sehen werden, wirkt Geld auf Menschen magisch und kann auch als Droge verwendet werden. – Perfekt.

Unbewußt fachen die Menschen das Magische im Geld an. Sie suchen in ihm eine spirituelle Dimension. Sie hoffen, in ihm den Sinn des Lebens zu finden.

Aber sie machen einen Fehler. Dadurch, daß die Fixierung auf das Geld das Spüren der wirklichen Bedürfnisse und Fähigkeiten verhindert, können sie nicht fühlen, welcher Lebensweg zu ihnen paßt. In Momenten der Selbstfindung kann man manchmal die innere Stimme hören, das Problem beim Geld aber ist, daß es die Aufmerksamkeit ausschließlich nach außen lenkt. So entsteht kein Kontakt nach innen. Die Kraft der Selbsterkenntnis, die alles durchdringt, die das Leben zum Erblühen bringt, kann so nicht wirken.

Meiner Ansicht nach besteht der Sinn des Lebens darin, nach dem Göttlichen in sich selbst zu suchen und ihm im Äußeren Ausdruck zu verleihen. Man könnte auch sagen, der Sinn des Lebens besteht in der spirituellen Dimension im eigenen Leben. Das muß nicht unbedingt etwas mit einer bestimmten Glaubensrichtung zu tun haben, wohl aber mit dem Bedürfnis, einem übergeordneten Prinzip zum eigenen Wohle und zum Wohle der Menschheit zu dienen.

Marlo Morgan beschreibt in ihrem Buch »Traumfänger«, daß die australischen Aboriginies bei ihren Handlungen immer darauf achten, ob es zu ihrem Besten und zum Besten allen Lebens auf der Welt ist. Sie glauben fest daran, daß man die anderen nur durch den eigenen Lebenswandel, die eigenen Handlungen und Verhaltensweisen überzeugen kann. Diese Ansicht läßt die Aboriginies jeden Tag daran arbeiten, bessere Menschen zu werden, und sie feiern auch gemeinsam, wenn ihnen das gelingt. Um ihren Lebensweg zu finden, benutzen sie eine bestimmte Atemtechnik, manchmal auch Tänze und einen Traumfänger. Marlon Morgan schildert die Aboriginies als Menschen mit einem unerschütterlichen Glauben an die Einzigartigkeit jedes Einzelnen. Sie gehen davon aus, daß jeder Mensch etwas Besonderes ist, daß jedem Menschen bestimmte Eigenschaften gegeben sind, die im späteren Leben zu einem Spezialtalent ausgebildet werden.

»Nachdem das Spiel beendet war, fragte mich einer der Männer, ob es bei uns tatsächlich Menschen gäbe, die ihr ganzes Leben lang ihr eigenes, gottgegebenes Talent nicht erkennen. Ich mußte zugeben, daß einige meiner Patienten depressiv waren und das Gefühl hatten, das Leben sei an ihnen vorbeigegangen, ohne daß sie einen sinnvollen Beitrag dazu geleistet hätten. Es stimmte, daß viele ›Veränderte‹ glaubten, kein besonderes Talent zu besitzen, und daß sie sich erst im Tod Gedanken über den Sinn ihres Lebens machten. Da stiegen diesem Mann Tränen in die Augen. Er schüttelte ungläubig den Kopf, denn er konnte sich kaum vorstellen, daß so etwas möglich war. ›Warum können die »Veränderten« nicht erkennen, daß es eine gute Tat ist, wenn ich einen anderen mit meinem Lied glücklich mache? Einem einzigen Menschen zu helfen, ist eine gute Tat. Mehr als einem Menschen gleichzeitig kann man sowieso nicht helfen.‹« (Morgan, S.171-172)

Ich bin mir sicher, daß jeder seinen Lebensweg finden kann. Das können nicht nur japanische Zen-Meister, das können auch wir. Eigentlich ist das eine angeborene Fähigkeit wie Atmen, Lieben, Lachen, Tanzen. Wenn man seinen Lebensweg gefunden hat, wird man dadurch nicht heilig, sondern ausschließlich wacher. Ich habe den Sinn meines Lebens gefunden, aber trotzdem bin ich nicht erleuchtet. Ich habe erleuchtete Momente gehabt, und das waren seltene kostbare Augenblicke, aber die größte Zeit meines Lebens lebe ich wie jeder andere Mensch auch. Nur versuche ich, mir bewußt zu sein, was ich tue. Ist es zu meinem Wohle, zum Wohle allen Lebens auf der Erde und im Einklang mit dem Universum? Diese Frage stelle ich mir mehrmals jeden Tag. Was ich dann konkret tue, unterscheidet sich von außen betrachtet nicht viel von dem, was die anderen tun, aber es erfolgt eher zum richtigen Zeitpunkt und mit der richtigen Energie. Durch Geld lasse ich mich dabei nicht beeinflussen.

2. Was ist Geld?

Taler, Taler du mußt wandern,
von der einen Hand zur andern.
Du sollst niemals stille stehn
und hast keine Zeit, dich umzusehn.
Kinderlied

Geld ist eigentlich nur eine Absprache zwischen den Menschen. Es sollte als Tauschmittel ursprünglich nur das Leben erleichtern, damit man nicht umständlich Schafe gegen Brot tauschen muß. Als gedankliches Konstrukt hat es keine eigene Energie, obwohl das einige esoterische Schriftsteller behaupten. Geld folgt ausschließlich den Energieströmen der Menschen. Geld an sich ist weder gut noch schlecht, weder positiv noch negativ, es bewegt sich in die Richtung, in die es durch die Willenskraft der Menschen gelenkt wird.

Das heißt, wenn Sie vorhaben, etwas zu tun, sollten Sie nicht zuerst an den Geldbetrag denken, der dabei herausspringen könnte oder den Sie für Ihr Vorhaben brauchen. Wenn Sie sich ausrechnen, wieviel Geld Sie im Monat zum Leben brauchen und sich dann aus materieller Angst heraus auf eine Stelle bewerben, haben Sie weniger Chancen, als wenn Sie sich überlegen, was wirklich zu Ihnen paßt, und sich dann strahlend und voller Freude z. B. als Reisekauffrau bewerben. Je freier Ihr Energiefluß, um so größer Ihr Wirkungskreis und um so größer ist Ihre Chance, Geld zu verdienen. Verlassen Sie gedanklich die materielle Ebene und konzentrieren Sie sich ganz auf die Freude, die Ihnen Ihr Vorhaben bereitet. Diese Begeisterung wird andere Menschen anstecken. Neugierig, wie Menschen nun mal sind, werden sie versuchen herauszufinden, warum Sie so strahlen, und schon bald werden Sie auf Menschen treffen, die etwas mit Ihrem Vorhaben zu tun haben wollen, die sich an ihm beteiligen wollen, sei es mit Geld oder mit Energie.

Wenn ich ein neues künstlerisches Projekt vorhabe, male ich mir aus, wie es auf der Bühne wirkt und wie ich mich bei der Umsetzung fühle, und lasse Freude in mir aufsteigen. Dann überlege ich mir grob, wieviel Geld ich dafür mindestens brauche, und dann fange ich an, herumzutelefonieren. Manche meiner Vorhaben sind groß angelegt mit vielen Mitwirkenden und kosten eine Stange Geld, aber wenn die Veranstalter meine Begeisterung spüren, bekommen sie auch Lust, so etwas Schönes zu erleben, und dann überlegen wir gemeinsam, wie wir das Finanzielle regeln. Haben sie in einem Jahr kein Geld mehr, klappt es oft im nächsten. Ich bin auch nicht enttäuscht, wenn jemand aus Geldgründen absagt. Ich lasse dem Veranstalter die Aussicht, daß er es sich ja vielleicht im nächsten Jahr leisten kann, und das hinterläßt auf beiden Seiten ein Gefühl von Freiheit. Ich dränge nie die Veranstalter, und je mehr ich lockerlasse, um so öfter rufen sie von sich aus zurück, um mich zu engagieren. Ich versuche immer, meine Energie fließen zu lassen – und das Geld fließt mit. Um mir dieses leichte, lockere Gefühl zu erhalten, achte ich darauf, daß die finanzielle Belastung meiner Vorhaben mich nicht drückt. Ich trete nur so weit in Vorlage, daß es mir leicht fallen würde, einen Verlust zu verkraften. Wäre ich gezwungen, innerhalb eines bestimmten Zeitraumes schon Gewinn zu machen, würde meine Leichtigkeit verlorengehen, ich würde meinen Energiefluß bremsen und damit meinen künstlerischen und finanziellen Erfolg.

Wenn ich Lust habe, etwas Neues zu beginnen, fange ich erst einmal an. Ich überdenke nicht die vielen Abers, sondern lege los; erst einmal im kleinen, und dann lasse ich es wachsen. An den ersten Reaktionen der Menschen merke ich schon, ob die Sache Erfolg verspricht. Hat sie Erfolg, bewegt sie die Menschen, und sie sind bereit, ihr Geld zu investieren. Mit dem Geld, das zuströmt, lasse ich die Dinge weiterwachsen. Dabei lasse ich mich nicht hetzen. Selbst wenn jemand zeitgleich mit mir ein ähnliches Projekt verfolgt, vertraue ich darauf, daß das Universum unendlich groß ist und für uns beide Platz hat. Ich gönne auch dem anderen seinen Erfolg. Neid würde mich selbst einengen und meinen Wirkungskreis verkleinern und damit auch meine Möglichkeit, Geld zu verdienen. Ich versuche eher, vom Erfolg des anderen zu profitieren. Wenn er zum Beispiel auch gute Kindermusik macht, bekommen die Leute immer mehr Lust auf Kindermusik und engagieren auch mal mich, wenn sie gehört haben, daß meine Kindermusik auch nicht schlecht ist.

In Österreich gab es nach dem zweiten Weltkrieg einen Ort, in dem der Bürgermeister eine Währung einführte, die man nur kurze Zeit auf die Bank einzahlen konnte, dann verlor sie ihren Wert. Das heißt, die Leute konnten nicht horten, sie mußten das Geld relativ schnell wieder investieren, es im Fluß halten. Es entstanden Erzeugergemeinschaften, und sehr bald war dieser Ort viel wohlhabender als die Nachbarorte. Das Fließenlassen macht reich, nicht das Festhalten.

Das Geld folgt immer Ihrer eigenen Energie. Wenn Sie schlapp sind, werden Sie auch weniger verdienen. Auch das ist normal. Wie die Natur, haben auch Sie Phasen der Ausdehnung und Phasen der Ruhe. Ich lebe diese Phasen ganz bewußt. Um Weihnachten herum arbeite ich immer ganz wenig, ich ziehe mich zurück, sammle mich. Im Frühjahr starte ich mit neuer Kraft wieder durch. So bin ich viel gesünder.

Nebenbei bemerkt: Energetisch ist der Dezember in unseren Breiten der Monat der Ruhe. Wenn Sie sich in die Weihnachtshektik stürzen, verstoßen Sie gegen ein inneres Prinzip und schädigen Ihr energetisches Gleichgewicht, das manchmal einfach Phasen der Ruhe braucht. Selbst wenn Sie in diesem Monat sehr wenig verdienen, werden Sie übers Jahr gerechnet mehr verdienen, wenn Sie auf ihre Energiekurve achten. Daß wir aus der Weihnachtszeit ein Weihnachtsgeschäft mit entsprechendem Trubel gemacht haben, ist nicht zu unserem Vorteil.

3. Die schwarze Magie des Geldes – der göttliche Mammon und seine dunklen Propheten

»Im Schweiße deines Angesichts sollst du dein Brot verdienen.«

Ist Ihnen schon einmal aufgefallen, daß man in unserem Wirtschaftssystem ständig Opfer bringen muß? Da werden Arbeitsplätze geopfert, oder wir sollen den Gürtel enger schnallen. Um an Geld zu kommen, müssen wir unsere Zeit opfern, wir opfern Millionen von Rindern dem Kaufpreis. Manche Menschen opfern der Suche nach Geld ihr Leben. Sie können die Liste beliebig verlängern.

Und warum opfern wir so viel? Weil die dunklen Propheten des Gottes Mammon uns drohen: Wenn wir ihm nicht opfern, würde uns der allmächtige Gott seine Gnade entziehen. Die Geldströme würden versiegen. Wir müssen ihm bis zum letzten Blutstropfen dienen, sonst haben wir von ihm nichts zu erwarten.

Auch wenn wir versuchen, ihn zu bändigen, erzürnen wir ihn, wird uns gepredigt. Gott Mammon zerrt an seinen Fesseln. Seine zahlreichen Anhänger sind dabei, ihn ganz zu befreien. Mammon ist im Aufwind. So viel Freiheit wie zur Zeit hatte er noch nie. Viele seiner Arme wehen schon im Wind, dehnen sich aus und strecken sich ungehindert aus. Seine Diener arbeiten eifrig an seiner Befreiung. So hören wir ständig ihre Losungen: »Wachstumsfördernde Strukturpolitik, Entkrustung der Arbeitsmärkte, Schleifung von Wettbewerbsmauern«. Folgen wir ihnen nicht, wird Mammon böse, wird uns gepredigt. Das heißt auf deutsch: »Laßt endlich Mammon tun, was er will, sonst trifft uns seine Rache! Mammon liebt es nicht, wenn ihr ihn mit Gesetzen gängelt und ihn an der Ausübung seiner Macht hindern wollt. Laßt ihn frei, auch wenn es Menschenleben kostet, sonst wird seine Rache fürchterlich: Arbeitslosigkeit; Rezession; Inflation; Depression.« Uaahh! Drohendes Kettengerassel. Kein freundlicher Gott, der den Menschen so schnell die

Zuneigung entzieht. Optimisten werden als Traumtänzer belächelt, Pessimisten sind am Zug. »Noch sind die Gewinne gut, aber...«

Nur nicht nachlassen in den Anstrengungen. Gott Mammon ist nie zufrieden. Wer sich nicht ganz hingibt, wird bestraft. »Im Schweiße deines Angesichts sollst du dein Brot verdienen.« Schweiß, Blut und Tränen mußten schon immer bei Menschenopfern fließen.

»Amazonische Saken oder Skythen begründeten die Sakäen, ein babylonisches Narrenfest, in dessen Verlauf – um den ursprünglichen Brauch des Königsopfers zu entschärfen – verurteilte Kriminelle anstelle des Königs den Tod eines Weiheopfers sterben mußten. Das auserwählte Opfer wurde als heiliger König angesehen und auf jede nur mögliche Weise mit dem wirklichen König gleichgesetzt. Es trug die Königsrobe, saß auf dem Königsthron, schlief mit einer echten königlichen Konkubine und führte das Zepter. Nach fünf Tagen wurde es ausgezogen, gegeißelt und dann »zwischen Himmel und Erde« gehängt oder gepfählt – ein Prototyp der Kreuzigungszeremonie, die später auf die heiligen Könige der Juden ausgedehnt wurde. Die Ursache für das Geißeln und Stechen lag darin, daß der Pseudo-König für den Fruchtbarkeitszauber Blut und Tränen vergießen mußte.« (B. Walker, S. 811)

Im Umfeld der schwarzen Magie ist immer der Tod. Denken Sie an die blutigen Tier- und Menschenopfer der Voodoo-Priester. Ritualopfer sind nicht den Naturvölkern vorbehalten. Auch wir bringen dem Gott Mammon blutige Ritualopfer. Vier Millionen Rinder werden getötet und verbrannt, um den Marktpreis zu halten. Huftiere werden nicht gegen die Maul- und Klauenseuche geimpft, weil sie dann nicht mehr exportiert werden könnten. Selbst Menschenopfer sind an der Tagesordnung. 39 Pharmakonzerne klagten gegen die Regierung Südafrikas. Es ging vor allem um Medikamente gegen Aids, denn dort, wo 95 Prozent der HIV-Infizierten leben, nämlich in der sogenannten Dritten Welt, können sich die Menschen die teure Medizin nicht leisten. Nachahmerpräparate könnten viel billiger sein, aber der Patentschutz verbietet das. Die Pharmaindustrie ist nicht bereit, auf Rendite zu verzichten.

Sie rechtfertigen ihre hohen Preise mit Forschungs- und Entwicklungskosten, außerdem fürchten sie um ihre Aktienkurse, wenn sie nachgeben. »Wir haben eine Verpflichtung gegenüber unseren Shareholders«, sagte ein Sprecher des deutsch-französischen Konsortiums Aventis. »Ich habe diese Logik satt: Wer nicht zahlen kann, der stirbt«, schimpft James Orbinski, Präsident von Médecins sans Frontières.

Aus Geldgier werden Menschen getötet. Manager begehen Selbstmord, nachdem ihre Finanzmanipulationen aufgeflogen sind. Kinder verhungern, weil ihre Eltern trotz der harten Arbeit auf den Kaffeeplantagen nicht genug verdienen. Schwarze Magie wirkt, auch wenn kein Voodoo-Priester in Erscheinung tritt.

In den alten Religionen wurden mit der Zeit die Menschenopfer von den Tieropfern abgelöst. Das Töten und Verbrennen von Tieren mit Haut und Haaren ist übrigens ein typisches Sühneopfer. Bei den Griechen nannte man es holokaustos. Der aufsteigende Rauch sollte die erzürnten Götter wieder gnädig stimmen. Die archaischen Grundprinzipien unserer Vorahnen wirken noch heute in uns. Aus dem Unterbewußten tauchen sie an die Oberfläche. C. G. Jung hat dieses Phänomen »kollektives Gedächtnis« genannt. Mit dem Opfern von Millionen Rinder im Zuge der BSE-Seuche tun wir einerseits Buße für unsere Sünden gegen die Natur und versuchen gleichzeitig, den Gott Mammon gnädig zu stimmen, indem wir den Marktpreis stützen.

> »In der schwarzen Magie dienen die Tier- und Menschenopfer gleichzeitig der Stabilisierung der Macht der Priesterkaste. Elisabeth Cady Stanton schreibt: »Die Menschen sind seit jeher der Illusion aufgesessen, daß alles, was sie der Kirche und der Priesterschaft darbrachten, dem Herrn dargebracht sei. Als ob der Schöpfer des Weltalls etwas aus unserer Hand benötigte! Wie unangemessen, ja ungehörig ist die Vorstellung eines unendlichen Wesens, das alle Planeten und deren Bewohner erschaffen hat und dann seinen Geschöpfen befehlen sollte,

Tiere zu töten, um sie sich als Brandopfer darbringen zu lassen. Es ist wirklich traurig, wie sich die Menschen aller Zeiten und Länder von Priestern im Namen der Religion haben täuschen lassen.«
(B. Walker, S. 811)

Die moderne Priesterkaste des Gottes Mammon sind die Wirtschaftsstrategen und Manager. Sie verordnen der arbeitenden Bevölkerung, den Gürtel enger zu schnallen, während sie selbst fürstlich von der Opferbereitschaft der Massen leben. Sie setzen Nullrunden und Massenentlassungen durch, sie selbst aber beziehen Gehälter, die nicht im geringsten einen Opferwillen erkennen lassen. Während die Angestellten ihrer Konzerne entlassen werden und die Kleinaktionäre herbe Verluste hinnehmen müssen, beziehen die Manager in Chefetagen zum Teil astronomische Gehälter. Wie Vampire saugen sie die Vorteile aus ihrer Position und lassen unbeeindruckt ein ausgeblutetes soziales System zurück, von dem sie zuvor bestens profitiert haben.

Die Parallelität zwischen Geld, schwarzer Magie und dem Tod ist auch dem Börsenspekulanten Kostolany aufgefallen. Er beschreibt in seinem Buch »Kostolanys beste Geldgeschichten« sehr eindrucksvoll, wie er sich als Schwarzmagier erkannte und daraufhin sein Leben änderte: »Am nächsten Morgen brachten alle Zeitungen die sensationelle Nachricht in riesigen Balkenüberschriften. ›Selbstmord des Finanziers Kreuger!‹ Als ich meine Morgenzeitung entfaltete, bekam ich einen Schock. Die Nachricht wirkte auf mich wie ein Schlag mit dem Holzhammer. Mit einemmal war mir der große Wirbel mit den Aktien am Vortag klar. Ich hatte wieder verdient, diesmal aber auf Kosten eines Menschenlebens... Ich wußte noch nicht, daß Kreugers Tod meine Lebensphilosophie ändern würde. Durch diesen Schock wurde ich zum Optimisten und Haussespekulanten... Meine persönliche Entwicklung hatte eine günstige Wendung genommen, und zwar im richtigen Augenblick. Aus dem Sturm, der mich erfaßt hatte, war ich als neues Wesen hervorgegangen.

Und zur gleichen Zeit erlebte zufällig ein großer Teil der Welt ebenfalls eine Erneuerung.«

Zur Erläuterung möchte ich erwähnen, daß Kostolany über viele Jahre hinweg als Baissespekulant immer von den Verlusten anderer profitierte, das heißt, er hoffte darauf, daß andere Verluste machten.

Natürlich hat er sich selbst nicht wörtlich als Schwarzmagier bezeichnet, das wäre von jemandem, der in der Welt des Geldes lebt, auch nicht zu erwarten, aber er hat den inneren Zusammenhang zwischen seinen dunklen Projektionen und Hoffnungen und dem Tod eines Menschen erkannt. Daraufhin hat er sein Leben geändert. »Diesmal hatte ich – endgültig – begriffen, daß es schöner ist, durch die Hochkonjunktur zu verdienen. Jetzt empfand ich Verachtung für das Geld, weil ich alle anderen Werte, die ich mißachtet hatte, wieder höher schätzte – einschließlich der Börsenwerte.«

Man kann auch hohe Gewinne machen mit weißer Magie, aber dann nicht auf Kosten anderer. Kostolany hat, nachdem er sein Leben geändert hat, auch weiterhin sehr gut verdient.

Übrigens erzählt er an verschiedenen Stellen in seinen Büchern von wundersamen, man könnte auch sagen magischen Erlebnissen. Zum Beispiel ersteigerte er auf einer Auktion der persönlichen Gebrauchsgegenstände eines verstorbenen Bankiers dessen Barometer. Nach einigen Tagen bemerkte er etwas Sonderbares: Das Barometer zeigte nicht das Wetter an, sondern die Stimmung an der Börse. Seither hielt er sein »Zauberbarometer«, wie er es nannte, »wie einen Schatz in Ehren.«

In Ungarn machte er die Bekanntschaft der sogenannten »Pythia von Ungarn«, einer Wahrsagerin, die »ausgekochte internationale Börsenspieler« mit Voraussagen über alle Börsen der Welt versorgte.

Die Diener des Geldes errichten Mammon riesige glitzernde Kathedralen aus Glas und Stahl, ausgestattet mit den kostbarsten Materialien und für die Menschen ehrfurchtgebietend. Die Menschen sollen im übertragenden Sinne die Macht dieses strengen Gottes erkennen und fürchten. Fühlen Sie sich nicht beim Betreten eines großen Bankgebäudes ähnlich klein und etwas eingeschüchtert wie beim Betreten einer großen Kathedrale?

Überhaupt schüren die dunklen Propheten gerne Angst. Sie ist ihre neunschwänzige Katze, mit der sie die Menschen zu Höchstleistungen antreiben. Nie darf die Anstrengung nachlassen.

»Wenn das Vertrauen der Wirtschaft fällt, investiert sie weniger, gibt es weniger Arbeit und Konsum«, hieß es in einem Leitartikel der »Zeit«. Wenn das die Pessimisten richtig erkannt haben, warum verströmen sie dann keinen Optimismus? Eine optimistische Wirtschaft müßte demnach blühen. Profitieren sie etwa von der Angst der Menschen? Ich glaube schon, denn Angst macht schwach. Da haben Schwarzmagier leichtes Spiel. Starke, optimistische Menschen sind nicht so leicht zu beeinflussen.

Die Angst, im Alter in ärmlichen Verhältnissen leben zu müssen, treibt die Menschen jetzt zu raffgierigem Verhalten. Auch in Deutschland wird zur Zeit diese Angst geschürt. Vor allen Dingen von denjenigen, die an dieser Angst verdienen. Statt ein Diener des Menschen zu sein und ihm das Leben zu erleichtern, wird das Geld übermächtig. Die Gedanken der Menschen kreisen ständig um diesen vermeintlichen Garanten von Sicherheit und Wohlbefinden, den sie auch in Zukunft zur Verfügung haben wollen. Die Verlustangst macht sie abhängig und hindert sie daran, ihre tatsächliche Lebenssituation bewußt wahrzunehmen. Wie Psychotiker neigen sie zu narzißtischem und rücksichtslosem Verhalten ihrer Umwelt gegenüber. Die Angst vor dem Verlust des Geldes hat ihre Seele krank gemacht. Die Indianer Nordamerikas nennen das die »Wetiko-Seuche«.

Angst ist ein denkbar schlechtes Mittel, um im Menschen Verhaltensänderungen zu bewirken, weil Angst eher lähmt als motiviert. »Positive Anreize« heißt das Zauberwort. Das haben die Werbestrategen schon längst erkannt. Die Anti-Aids-Werbung wird zum Beispiel von Profis gemacht. Auf den Werbetafeln sieht man keine Aids-Kranken dahinsiechen, sondern zwei rosa Kondome bilden zusammen eine Brille, durch die man die Welt ganz in Rosa sehen kann, oder ein einzelnes Kondom strahlt wie die Sonne.

Wenn Ihnen jemand Angst macht, will er Macht über Sie ausüben, wenn er oder sie es angeblich auch noch so gut meint. Selbst »gute Ratschläge«, im Mantel der Angst verpackt, bewirken nichts Gutes.

»Du kannst doch nicht deine letzte regelmäßige Einkommensquelle auch noch sausen lassen, wie willst du deine Miete bezahlen?« »Was, du kündigst deine feste Anstellung, was wird aus deiner Rente?« »Du willst ein Jahr aussteigen? Und wenn du nie mehr reinkommst?«

Was ich darauf antworte? Ha, Ha, Ha und noch einmal Ha, Ha, Ha. Soll der Gott Mammon doch zappeln wie er will, über mein Leben entscheide immer noch ich! »Im Alter wirst du verarmt auf der Parkbank liegen.« Ha, Ha, Ha. »Deine Familie wird am Hungertuch nagen.« Kusch, ihr dunklen Propheten, geht mir aus der Sonne und aus dem Hirn. Ich bin bis jetzt nicht verarmt und gedenke es auch in Zukunft nicht zu werden. Ich lasse mich von euren düsteren Prophezeiungen nicht anstecken. Ich mache, was zu mir paßt und mir guttut, und verdiene damit mein Geld. Immer im Einklang mit mir selbst und dem Universum.

So werde ich niemals verhungern und mich niemals verkaufen. Sollen doch die anderen vor Mammon buckeln. Mich kriegt er nicht!

Das beste Mittel gegen jemanden, der einem Angst machen will, ist Lachen. Laut, aus vollem Herzen. Plötzlich werden die mahnenden Artikel in den Wirtschaftsteilen der Zeitungen richtig witzig. Ha, Ha, Ha.

An den meisten Arbeitsplätzen wird den Menschen suggeriert, daß sie sich keinen eigenen Willen leisten können, weil sie sonst rausfliegen. Anpassung ist angesagt. In unserem Wirtschaftssystem kann sich einen – beschränkten – eigenen Willen nur die Elite leisten. Auch Familien entwickeln oft schwarzmagische Strukturen, in denen der Wille der einzelnen Mitglieder unterdrückt wird. Frauen lassen sich über ihr Pflichtgefühl und ihre

Opferbereitschaft leichter ihrer Eigenmächtigkeit berauben als Männer. Ich kann Sie nur warnen: Versuchen Sie, schwarzmagische Strukturen zu erkennen und zu meiden. Im Umfeld der schwarzen Magie ist immer der Tod. Sind Sie an einen Menschen schwarzmagisch gebunden, raubt er Ihnen Lebenskraft, was Sie geistig und körperlich schwer krank werden lassen kann. Ein Arbeitsumfeld, das Sie aussaugt, statt Ihnen Freude zu bringen, hat den selben Effekt. Unser Wirtschaftssystem hat mehr schwarzmagische als weißmagische Elemente.

Auch bei der Globalisierung, wie sie zur Zeit von einigen weltumspannenden Konzernen und Institutionen betrieben wird, beschleicht mich ein ungutes Gefühl. Es ist schwarze Magie auf höchster Stufe. Die Menschen werden ihres eigenen autarken Energiefeldes beraubt und landen im Bannkreis der Schwarzmagier. Mit unserem Wirtschaftssystem exportieren wir auch unser Konkurrenzdenken und unsere Geldsucht und infizieren damit andere Länder, die in den Strudel gerissen werden, ohne zu überblicken, warum. Unser Gott Mammon verdrängt ihre Götter. Da hilft es auch nicht, wenn man, wie der berühmte Finanzjongleur Sorros, später gutmeinend ein paar der erzauberten Millionen wieder den Abhängigen spendet. Wirklich frei werden sie erst, wenn man ihnen ihren Glauben an sich selbst wiedergeben kann und sie wieder Vertrauen in sich selbst entwickeln. Das geht nicht ohne wirkliche Spiritualität.

Auch unsere Angewohnheit, Geld nur gegen Zinsen zu verleihen, führt leicht zu schwarzmagischen Abhängigkeitsverhältnissen. Erst werden den Menschen Kredite angeboten; nehmen sie diese an, schnappt die Falle zu. Die Zinsen können so hoch sein, daß die Rückzahlung nicht zur Tilgung reicht, so daß die Menschen sich unter Umständen ihr ganzes Leben lang nicht mehr aus der energetischen Schlinge befreien können. Ich habe in meinem Leben schon oft Geld verliehen, aber dafür noch nie Zinsen verlangt. Ich hätte kein gutes Gefühl dabei, Menschen, die sich in Notsituationen befinden, noch zusätzlichen Druck aufzulasten, indem ich ihre Schuld mir gegenüber noch erhöhe. Dadurch mache ich sie unfrei, aber um sich selbst helfen zu können, brauchen sie das Gefühl von Eigenmächtigkeit, sonst können sie keinen eigenen Willen entwickeln. Das trifft übrigens auch auf ganze Völker zu. Die Kreditvergabe der reichen Länder an die armen Länder der sogenannten »Dritten Welt« bringt nach Ansicht vieler Experten keine wirkliche Hilfe.

Einige spirituelle Führer gehen sogar so weit, daß man Schulden nicht einfordern sollte.

»Nach einem bitteren Streit
bleibt ein Rest Groll zurück.
Wie kann man eine solche Situation
als vollkommen bereinigt betrachten?

Deshalb nimmt der Weise den Schuldschein,
aber er treibt die Schuld nicht ein.
Der Mensch von Tugend
hält sich an seine Pflicht,
der Mensch ohne Tugend
hält sich an sein Recht.

Der Weg des Himmels ist unparteiisch;
er ist immer auf der Seite des guten Menschen.«
Lao Tse

Lassen Sie sich nicht täuschen! Sie können sich aus der schwarzmagischen Schlinge befreien, aber dazu müssen Sie sie erkennen.

Selbst wenn Sie zu den Menschen gehören sollten, die Magie als Sinnestäuschung ansehen – was ich nicht glaube, denn dann hätten Sie dieses Buch nicht in der Hand –, änderte es nichts daran, daß Sie selbst energetisch wirken. Ob Sie sich dessen bewußt sind oder nicht: Sobald Sie ihre Willenskraft einsetzen, bündeln Sie Energien und senden Sie diese aus. Die Welt der Magie ist nicht den großen Magiern und Magierinnen vorbehalten. Magie begleitet uns im kleinen, Alltäglichen. Wir alle beeinflussen andere Menschen mit unserer energetischen Ausstrahlung, jeden Tag. Das heißt, daß wir alle auch eine große Verantwortung tragen. Es ist nicht gleichgültig, mit welcher inneren Einstellung wir den Menschen begegnen. Es ist diese innere Einstellung, die sich in der Außenwelt materialisiert. Dabei ist die Grenze zwischen schwarzer und weißer Magie nicht immer leicht auszumachen. Wir alle haben in schwachen Momenten auch schon schwarzmagische Strukturen erzeugt, daher ist es wichtig, sich der eigenen Wirkung bewußt zu sein.

Selbst wenn Sie keinerlei Erfahrung im Umgang mit Magie haben, gibt es einige Kriterien, an denen Sie erkennen können, ob Sie sich in einem schwarzmagischen oder einem weißmagischen Umfeld befinden und in welche Richtung Sie selbst bewußt oder unbewußt tendieren. In der Magie gibt es Symbole, die verdeutlichen, wie jemand, der schwarzmagisch tätig ist, einen anderen an sich bindet, und jemand, der weißmagisch tätig ist, die Integrität des anderen nicht stört.

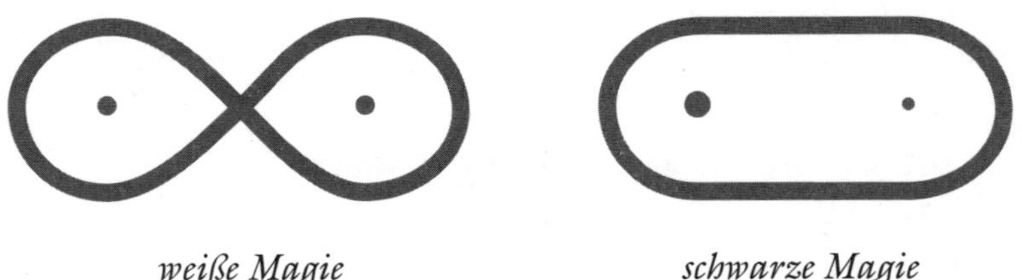

weiße Magie *schwarze Magie*

In der weißen Magie sind die beiden Akteure durch eine energetische Acht verbunden. Sie haben eine Beziehung, aber jeder bleibt im eigenen Energiefeld. Bei der schwarzen Magie ist der Betroffene in das Energiefeld des Magiers geraten und wird durch ihn kontrolliert. Dadurch verliert er seine Eigenmächtigkeit, das, was ihm ermöglicht, sein Leben selbst zu gestalten. Menschen, die von schwarzer Magie betroffen sind, zeigen Symptome wie ein Suchtkranker, sie wirken entweder gelähmt oder gehetzt. Sie fallen aus ihrem persönlichen Zeitrhythmus. Dort, wo wir unser Wirtschaftssystem in vorher relativ unberührte Gesellschaften implantieren, kann man diese Auswirkungen sehr gut studieren. Ein Teil der Bevölkerung fängt an zu strampeln, um mit dem hektischen Tempo unseres wirtschaftlichen Handelns mitzuhalten, und ein anderer Teil weiß plötzlich mit sich nichts mehr anzufangen, beginnt dahinzuvegetieren und sitzt lethargisch am Straßenrand. Nur einer kleinen Gruppe gelingt es in der Regel, die eigene Identität aufrechtzuerhalten. Dies sind immer Menschen, die sich ihre eigene Spiritualität bewahrt haben.

Wirtschaftliches Handeln muß nicht unbedingt von schwarzmagischen Strukturen begleitet sein. Es kommt auf unsere innere Einstellung an, aus der heraus wir handeln. Sind wir ehrlich bestrebt, im Einklang mit unserem Gegenüber und auch zu dessen Vorteil zu handeln, werden wir automatisch negative Einflußnahme vermeiden. Geht es uns aber nur darum, für uns die größten Vorteile aus der Sache zu ziehen – ohne Rücksicht auf Verluste –, dann sind negative Begleiterscheinungen unvermeidlich.

Wenn wir die Eigenmächtigkeit eines Menschen beschneiden, verstoßen wir gegen ein wichtiges universelles Prinzip. Die mögliche Einflußnahme beginnt schon bei anscheinend belanglosen Handlungen.

Ein einfaches Beispiel: Weiße Magie wäre zum Beispiel der Milchmann, der jeden Morgen eine Flasche Milch liefert und dafür sein Geld bekommt. Schwarze Magie übte der Buchverlag aus, der Sie mit einer kleinen List vertraglich gebunden hat, ein Jahr lang jeden Monat ein Buch zu bestellen, ob Sie wollen oder nicht. Ein typisches Kennzeichen der schwarzen Magie ist, daß Sie ihrer Eigenmächtigkeit beraubt werden. Sie geraten in das Energiefeld des anderen und werden dominiert. Fühlen Sie sich durch die energetische Beziehung hingegen gestärkt, ist sie weißmagisch.

Was, die tägliche Flasche Milch vom Milchmann soll schon Magie sein? Ja, genau, denn Magie ist nichts anderes als das Wirken mit Energien. Um den Milchmann zu überzeugen, jeden Tag eine Flasche Milch vor ihre Tür zu stellen, mußten Sie Energie einsetzen. Sie mußten ihn anrufen, mit ihm reden und die Konditionen aushandeln. Er wiederum muß die Milch besorgen, einladen, bei Ihnen abstellen und mit Ihnen abrechnen.

Stecken Sie beide keine Energie mehr in die Beziehung, hört sie auf. Selbst wenn Ihr Verstand Ihnen noch so laut meldet, daß Sie jeden Tag Milch trinken sollten, ohne daß Sie Energie aufwenden, erscheint sie nicht vor ihrer Tür. Anders ist es beim Buchverlag. Der Vertrag untergräbt ihre Willensfreiheit. Selbst wenn Sie absolut kein Buch mehr wollen, wird Ihnen trotzdem eins geliefert. Auch wenn Sie keine Energie mehr in die Beziehung stecken, können Sie sie nicht beenden...

Wenn Sie Ihren (Geschäfts-)Partner wirklich achten oder sogar lieben, lassen Sie ihn gleichzeitig frei; wenn Sie ihn mit Beziehungsspielen an sich binden, handeln Sie schwarzmagisch.

Schwarzmagische Verbindungen blockieren immer den Fluß der Lebensenergie, oft wirken sie auch direkt zerstörend.

»Die Jagd hat begonnen«, lautete die Überschrift in einem Leitartikel der Wirtschaftsseite der »Zeit«. Die Firmenkäufer kommen nach Deutschland heißt es. Was das bedeutet, wird gleich zu Beginn erklärt: »Wer Geld sät, muß wissen, wann Zeit für die Ernte ist. James Goldsmith wußte es. Als der britische Finanzjongleur Anfang der achtziger Jahre den Holz- und Papiermulti Diamond International kaufen wollte, fuhr er mit seinem Wagen durch die riesigen Wälder, die dem Unternehmen gehörten. Goldsmith sah, daß die Bäume groß waren und reif zum Abholzen. Nur: Ihr Wert tauchte in der Bilanz gar nicht auf. Diamond International war unterbewertet. Goldsmith lieh sich Geld, kaufte das Unternehmen, zerschlug es und verkaufte die einzelnen Teile. Sein Gewinn war das Holz der Bäume: mehrere hundert Millionen Dollar.« Wonach klingen diese Zeilen aus dem Wirtschaftsteil der »Zeit« für Sie – nach Leben oder Tod? Wird genährt oder zerstört?

Mit ein bißchen Übung wird Ihr Blick für schwarzmagische Zusammenhänge geschult werden, und Sie können sie meiden. Nicht das Geld an sich ist schwarzmagisch, auch nicht das Kaufen von Unternehmen, sondern die Intention des Käufers kann es für Sie gefährlich werden lassen, wenn Sie zum Beispiel Arbeitnehmer in diesem Unternehmen sind. Die werden nämlich in der Regel bedenkenlos der Rendite geopfert. »Die Investoren verdienen nur, wenn der Laden schlanker wird, wenn Erträge steigen und Kosten sinken. Das geht meist auf Kosten der Arbeitsplätze«, sagt Gerhard Renner, Bankenexperte der neuen Dienstleistungsgewerkschaft ver.di.

Mit falsch verstandener Religiosität glauben sogar manche Menschen, sie würden gottgefällig handeln, wenn sie fleißig sind und viel Geld verdienen. Diese Einstellung ist besonders in den USA weit verbreitet. Sie glauben, daß sie mit ihrem Wirtschaftssystem den Menschen eine Version der frohen Botschaft der Christen bringen. Mit den Missionaren kommen auch die Händler und umgekehrt. Dabei kommt keine rechte Freude auf.

»Was kann ich tun, was kann ich tun?« werden Sie fragen. Wenden sie sich von den Schwarzmagiern ab und lesen Sie weiter im Kapitel »Schutz gegen schwarze Magie«.

Meiden Sie alle zwischenmenschlichen Beziehungen, die Ihnen ein Gefühl von Unfreiheit vermitteln.

Auch wenn Sie selbst zu schwarzmagischem Verhalten tendieren, sollten Sie die Wirkung genau prüfen. Nicht nur die Opfer werden durch die energetische Schlinge gebunden, auch die Täter werden unfrei. Ihr Bemühen, die Opfer zu kontrollieren, fesselt sie ebenso, wie die Opfer gefesselt sind. Die Täter sind nur scheinbar in der besseren Position. In Wirklichkeit verlieren auch sie ihre Eigenmächtigkeit.

Schwarzmagier schaden letztendlich immer sich selbst. Sie spüren nicht, was ihnen guttut. Von ihrem Wahn werden sie verleitet, ständig ihre eigenen Grenzen zu überschreiten, sie wollen immer mehr Macht über die anderen und immer mehr Geld. Niemals sind sie glücklich und zufrieden. Ein Märchen beschreibt das deutlich: VOM FISCHER UND SEINER FRAU (siehe S. 103 im Anhang).

4. Die magische Anziehungskraft des Geldes

> »Die Liebe zu Geld als Besitz – anders als die Liebe zu Geld als Mittel zur Erfüllung persönlicher Wünsche und Bedürfnisse – wird als das erkannt, was sie eigentlich ist. Nämlich eine irgendwie ekelerregende Krankhaftigkeit, eine dieser halbkriminellen, halbkrankhaften Veranlagungen, die man nur mit Schauder an die Spezialisten für Geisteskrankheiten weiterreicht.«
>
> John Maynard Keynes

Wenn wir sagen, daß wir von etwas magisch angezogen sind, beschreiben wir einen Zustand, in dem wir nicht mehr ganz Herrin oder Herr über uns selbst sind. Das, was uns fasziniert, zieht uns so in seinen Bann, daß wir fast wie hypnotisiert sind. Wir folgen dem Ruf, ohne die Folgen zu bedenken. Ja, oft ist unser Verstand dabei ganz ausgeschaltet. – Genauso reagieren viele Menschen, wenn sie mit Geld umgehen. Der Anblick eines großen Betrages läßt ihr Herz schneller schlagen. Viele überlegen in einem solchen Augenblick blitzartig, ob sie sich das Geld oder wenigstens einen Teil davon nicht irgendwie aneignen können.

Es kann ein riesiger Sog entstehen, der Hunderttausende von Menschen anzieht – wie etwa bei einem Senkrechtstart der Börse. Einige machen Gewinne, immer mehr wollen dabeisein, springen auf den fahrenden Zug. Die Kurse steigen und steigen, bis die Blase platzt.

Ganze Berufsgruppen können durch die Faszination des Geldes korrumpiert werden. Sich hier und da ein paar mehr oder weniger große finanzielle Vorteile zu verschaffen, ist zum Beispiel bei den Politikern so verbreitet gewesen, daß der ganze Berufsstand an Ansehen verloren hat. Doch sollte man sich davor hüten, von oben herab über sie zu urteilen. Wir alle haben es ihnen zu leicht gemacht und zu wenig Kontrolle ausgeübt. Wir waren zu bequem und vielleicht auch zu leichtgläubig. Wir haben die Anziehungskraft des Geldes unterschätzt. Wenn es sich herumspricht, daß man sich irgendwo unrechtmäßig bereichern kann, zieht das Geld viele Menschen an. Je mehr Menschen mitmachen und je geringer die Wahrscheinlichkeit ist, erwischt zu werden, um so zahlreicher wird die Zahl der Nachahmer. Ein bißchen Risiko ist immer dabei, aber je größer die Herde wird, um so sicherer fühlt sich der Einzelne – wie bei der Börse. Erdrutschartig kann das unrechtmäßige Verhalten um sich greifen. Die wenigsten haben wirklich kriminelle Energie. Sie haben sich an der Raffgier ihrer Nachbarn infiziert. Jedem von uns könnte das passieren – in einem schwachen Moment oder wenn wir sicher sein können, niemals entdeckt zu werden. Sobald Geld im Spiel ist, hört der Spaß auf. Es ist leichtsinnig, seine Wirkung zu unterschätzen.

Je abstrakter das Geld wird, um so größer scheint seine Anziehungskraft zu werden. Hatte man früher noch echte Gold- und Silbermünzen in der Hand, die das Wert waren, was auf ihnen geprägt war, wurde mit dem Auftauchen der Banknoten der tatsächliche Wert durch eine Illusion ersetzt – eine Illusion durch gemeinsame Absprache der Menschen – aber trotzdem eine Illusion.

Seit der Erfindung des Giralgeldes (das, welches auf dem Girokonto ist) ist Geld nicht mal mehr eine Note oder eine Münze, sondern nur noch eine Zahl. Im Zeitalter des Computers und der elektronischen Bankgeschäfte blitzt das Geld nur noch kurz auf Bildschirmen auf, um dann auf geheimnisvollen Wegen um den Erdball gehetzt zu werden. Milliarden sind so jeden Tag unterwegs, werden investiert, vermehrt oder aus Versehen vernichtet.

Das System ist selbst für Experten so undurchschaubar, daß sie sich in fast allen Analysen widersprechen. Für Laien wirkt das äußerst geheimnisvoll.

Zu dieser geheimnisvollen Aura trägt auch noch bei, daß in der Regel die Geschäftemacher über ihre Transaktionen einen Schleier der Diskretion legen. Heimlich, still und leise geht es in allen Banken zu. – Haben Sie nicht auch das Gefühl, wenn Sie ein großes Bankgebäude betreten, Sie sollten leise sein?

Die ganz großen Geschäfte finden immer hinter verschlossenen Türen statt, erst recht, wenn es nicht mit rechten Dingen zugeht. Mafia-Bosse mauscheln gemeinsam mit Bankiers, Politikern und Großunternehmern. Keiner weiß etwas, keiner hat´s gesehen.

Warum wird, sobald es ums Geld geht, so gerne verschleiert? Selbst die Durchschnittsbürger würden Ihnen lieber verraten, wie oft im Monat sie einen Orgasmus haben, als ihren Kontostand zu beichten.

Diese geheimnisvolle Atmosphäre verspricht den Menschen alles Glück der Erde. Tritt das Wunder ein, daß die kurzlebigen leuchtenden Zahlen den eigenen Kontostand anheben, kann man sich damit jeden Wunsch erfüllen – wie bei der guten Fee.

Das Geld selbst wird immer immaterieller, aber man kann mit ihm dennoch die Materie beherrschen – jedenfalls auf den ersten Blick. Kein Wunder also, daß die Menschen gebannt – wie ein Kaninchen auf die Schlange – aufs Geld starren.

Die Welt des Geldes ist so irreal, daß viele Menschen den Boden unter den Füßen verlieren und vom Sog des Geldes mitgerissen werden. Sie verfallen dem Geld, werden süchtig. Wenn wir uns jemanden vorstellen, der geldsüchtig ist, denken wir oft zuerst an den Spieler, der sich am Tisch des Spielcasinos um Kopf und Kragen spielt. Es gibt aber andere, sehr viel weiter verbreitete Formen der Geldsucht. Eine davon ist die Gier. Der Geldgierige ist ab einem bestimmten Zeitpunkt nicht mehr in der Lage, perspektivisch zu denken. Der kurzfristige Lustgewinn beherrscht das Handeln. Risiken für die eigenen Person werden verdrängt und es wird so getan, als könnte das Spiel ewig so weitergehen, selbst wenn alle Vernunft dagegenspricht. Das zeigt sich sehr oft im Bereich der Wirtschaftskriminalität. Die Täter fliegen in der Regel nur auf, weil sie sich nicht nur einmal im beschränkten Umfang bereichern, sondern weil sie nicht mehr aufhören können. Haben sie erst einmal die Geldquelle aufgetan, finden sie keine Ruhe mehr. Sie können der Verlockung nicht widerstehen und bedienen sich immer wieder, mit in der Regel ständig steigenden Beträgen. Wie bei einem Drogenabhängigen müssen sie die Dosis ständig steigern. Selbst wenn ihre Konten prall gefüllt sind, werden sie von dem Gefühl verfolgt, nicht genug zu bekommen. Sie sind ständig unruhig auf der Suche nach dem Objekt ihrer Begierde. Ihre eigene innere warnende Stimme blenden sie aus. Für ihre Sucht sind sie bereit, sich selbst und auch ihr Umfeld zugrundezurichten.

Die magische Anziehungskraft des Geldes hat schon unzählige Menschen verleitet, sich an anderer Leute Hab und Gut zu vergreifen. Deshalb behandle – bei allem Vertrauen – deine Geldgeschäfte mit Umsicht. Selbst gute Freunde können mal schwach werden.

Kombiniert mit der Geldgier findet man oft die Neigung zum Kaufrausch. Menschen unter Kaufrausch kaufen irgend etwas, selbst wenn sie es gar nicht gebrauchen können. Mit immer neuen Kreditaufnahmen versuchen sie, ihre Kaufattacken zu finanzieren. Zwanghafte Käufer können nicht durch ein Geschäft gehen oder in einem Katalog blättern, ohne irgend etwas zu kaufen oder zu bestellen. Von außen könnte es so aussehen, als würden sie sich etwas gönnen, in Wirklichkeit können sie nichts genießen. Es zählt nur der eigentliche Kaufakt; ist die Ware erst einmal ihr Eigentum, verliert sie jegliche Bedeutung, und es folgt die Reue.

Ganze Regierungen können so dem Geld verfallen. Sie steigern ihre Ausgaben von Jahr zu Jahr, obwohl sie wissen müßten, daß sie den riesigen Schuldenberg niemals zurückzahlen können, gleichzeitig verschwenden sie enorme Geldbeträge. Akrobatische Rechenkonstruktionen sollen beweisen, wieso trotzdem alles weitergeht wie bisher. Kein privater Haushalt könnte so über einen längeren Zeitraum über seine Verhältnisse leben. Nur der gemeinsame Glaube hält dieses zarte Gespinst aufrecht, man könnte es fast Massenhypnose nennen.

Die Grenze zwischen der Faszination über die Möglichkeiten, die das Geld bietet, und der Selbstaufgabe ist hauchdünn. Einen Teil des gefährlichen Zaubers des Geldes könnten wir wahrscheinlich bannen, wenn wir das Geld aus der Heimlichkeit ins Tageslicht bringen würden.

Weg mit aller Heimlichtuerei, weg mit dem Bankgeheimnis, weg mit allen undurchsichtigen Rechenkünsteleien. Lüften wir die Decke und reden wir über Geld offen aber beiläufig.

5. Das nährende Chi – das todbringende Sha

»Erst wenn der letzte Fisch gefangen,
der letzte Fluß vergiftet,
der letzte Baum gefällt,
werdet ihr merken, daß man Geld nicht essen kann.«
Weissagung der Cree-Indianer

Wieso wirkt die schwarze Magie des Geldes so todbringend auf alles Lebendige? Weil bei ihrem Wirken eine besonders ungesunde Energieform entsteht – die Chinesen nennen es das Sha. Wollte man das Sha als Diagramm darstellen, erhielte man folgendes Bild:

Sha

Das Sha ist wie ein reißender Fluß, der an seinen Ufern alles mit sich ins Verderben zieht.

Demgegenüber bewegt sich das nährende Chi niemals gerade, sondern in gewundenen Linien wie ein sich schlängelnder, mäandernder Fluß, in dessen Biegungen sich neue fruchtbare Erde anlagern kann.

Chi

Sha-Energie fließt sehr schnell. Im Feng Shui wird zum Beispiel vor dem Bau langer, gerader Straßen gewarnt, weil diese die Bildung von Sha-Energie fördern. Gerade aber unser Wirtschaftssystem, mit der Favorisierung wirtschaftlich effizienter Abläufe, bevorzugt in der Mehrheit der

Fälle die geraden, direkten Wege. Sobald wir ökonomisch handelnd in ein soziales System oder Ökosystem eingreifen, produzieren wir solche ungesunden Energieautobahnen; alles ist möglichst gerade und ohne Schnörkel.

Schauen Sie sich bitte mal die nachfolgende Abbildung an:

Die Abbildung, die Sie hier sehen, ist ein sogenanntes Fraktal, eine graphische Darstellung einer Mandelbrotmenge. Der Mathematiker Mandelbrot hat sich intensiv mit der Chaosforschung befaßt und herausgefunden, daß sich die meisten Wachstumsprozesse im Universum in solchen Mustern vollziehen. Schon seit Jahren faszinieren mich diese schönen Muster. Blumenkohl wächst in solchen Mustern, so bilden sich Schneekristalle, wirbelt die Milchstraße, verästeln sich Bäume und die Luftkanäle in unserer Lunge. Eine Besonderheit dieser Muster ist ihre Selbstähnlichkeit. Die Strukturen sind im kleinen wie im großen gleich. Ein

Blumenkohl hat als Ganzes die gleiche Struktur wie jedes seiner Röschen und jedes Röschen ist in sich wieder ähnlich angelegt. Wie bei den bunten russischen Puppen aus Holz, die man ineinanderstecken kann: ein Symbol der Unendlichkeit.

Wenn wir uns etwas gierig aneignen, gehen wir strategisch vor. Wenn wir strategisch vorgehen, schlagen wir geradlinige Breschen in das schöne Muster, so wie wir mit unseren Straßen unberührten Urwald zerteilen. Wir zerstören die innere Harmonie.

Wir Menschen müssen jetzt lernen, in solchen blumigen Mustern zu denken, anstatt in geraden Linien. Nichts in der Natur verläuft absolut geradlinig, so wie wir es gerne hätten. Alles entwickelt sich in solchen Mustern dreidimensional in ständiger Bewegung weiter. Eigentlich müßten Sie sich das Fraktal als Bewegung im dreidimensionalen Raum vorstellen. Jede Abbildung ist nur ein Ausschnitt zu einem Zeitpunkt. In Wirklichkeit hört die Entwicklung niemals auf. Unser logischer Verstand kann so nicht denken. Er ist um Perfektion bemüht, er zielt auf einen optimalen Punkt, an dem er sich zufrieden ausruhen kann. Solch einen Punkt kann man in Wirklichkeit nicht erreichen. Wenn man versucht, das Innehalten bei einem bestimmten Punkt zu erzwingen, nimmt man die Lebendigkeit.

Unser westlicher logischer Verstand zerlegt jeden Untersuchungsgegenstand in immer kleinere Teile zu einem bestimmten Zeitpunkt. Wenn wir eine Pflanze untersuchen, wird sie in hauchdünne Scheibchen zerschnitten und unter das Mikroskop gelegt. Ihre Funktion im größeren Zusammenhang, ihr Platz im Blumenmuster interessiert uns nicht. Wollen wir Raps, bauen wir ein riesiges rechteckiges Feld mit Raps an. Alles, was nicht Raps ist, wird ausgemerzt. Die Indios in Südamerika pflanzen ganz anders. Sie kennen den Platz jeder Pflanze im Gesamtmuster. Sie kombinieren verschiedene Pflanzen miteinander, so daß sie voneinander profitieren. Die Felder der Indios sehen sehr unordentlich aus. Keine geraden Linien, keine scharfe Trennung, aber sie brauchen keine Unkrautvernichtungsmittel und keinen Pflanzendünger. Bis zur

Einführung der industriellen Monokultur lebten die Indios mit diesem System im Überfluß. Jetzt sind sie Arbeiter auf Plantagen, und ihre Kinder sind mangelernährt.

Wenn wir lernen wollen, unsere Landwirtschaft wieder mit der Natur, statt gegen sie auszurichten, wenn wir nachhaltig wirtschaften wollen, müssen wir lernen, in diesen blumigen Mustern zu denken und zu planen. Ich glaube, das ist der vielbeschworene Paradigmenwechsel. Diesen Wandel zu vollziehen, ist jetzt die Aufgabe der Menschheit. Unser geradliniges Denken und Handeln verstößt gegen die Harmonie des Universums.

Ich habe mich ganz bewußt entschieden, die spirituelle Dimension in dieses Buch einzubeziehen, obwohl ich weiß, daß ich mich damit für einige als rationale Gesprächspartnerin disqualifiziere.

Ich sehe aber keine andere Möglichkeit, als das Wirken der spirituelle Ebene zu betrachten, weil gerade ihr Aussperren Grund vieler unserer Probleme ist.

Wir versuchen, die Welt und ihre Prozesse mit linearen Vorgängen zu erklären, obwohl in der Natur nichts linear abläuft. Durch die Technik haben wir die Möglichkeit bekommen, der Natur lineare Abläufe aufzuzwingen, aber dadurch stören wir die – uns chaotisch erscheinende – Ordnung. Sehen Sie sich das Fraktal an. Das Ordnungssystem ist für unseren Verstand nicht faßbar, aber für unser Empfinden dennoch harmonisch. – Unharmonisch würde darin nur eine gerade Linie wirken.

Durch wirkliche Spiritualität sind wir in der Lage, das Wirken hinter den Dingen zu empfinden, aber wir werden niemals mit unserem Verstand in der Lage sein, es zu verstehen.

Gerade weil unser logischer Verstand beim Betrachten von Fraktalen an seine Grenzen stößt, sind viele Wissenschaftler von ihnen fasziniert.

In der modernen Physik und Chemie sind die Forscher schon längst auf der Suche nach Anwendungsmöglichkeiten der Strukturbildung in der Natur. »Bei uns werden Substanzen nicht mehr mit Gewalt zur Reaktion gezwungen, sondern organisieren sich – wie in der Natur – selbst in der gewünschten Weise«, sagt Professor Markus Antonietti, Direktor am Max-Planck-Institut für Kolloid- und Grenzflächenforschung in Golm bei Potsdam. »Wir stehen mit dieser sanften Chemie ganz bewußt im Gegensatz zur konventionellen Heat-and-beat-Chemie.« Der Forscher ist davon überzeugt, daß der neuen Nanochemie die Zukunft gehört (Kosmos 2/2001). Nach dem Vorbild der Natur entstehen intelligente Strukturen, die sich selbst organisieren. Die Kolloidchemie forschte schon zu Beginn des 20. Jahrhunderts in diesem Bereich, wurde aber durch den gewaltigen Aufschwung der Polymerchemie verdrängt. Ihre Domäne ist die »Welt zwischen den Dimensionen«, wie ihr Begründer Wolfgang Ostwald es nannte, die Welt der Teilchen, die größer als Moleküle (bis drei Nanometer), aber kleiner als Pulverpartikel (mehr als 500 Nanometer) sind. Mit den Erkenntnissen lassen sich ganz neue Materialien herstellen, neue Einsatzmöglichkeiten finden, etwa bei Abgaskatalysatoren und in der Medizin, immer in Anlehnung an die Natur. Wenn Chemiker und Physiker umdenken können, dann können wir das auch.

Auch dazu mache ich in meinen Kursen eine schöne Körperübung aus dem Tai Chi. Zwei Menschen stehen sich gegenüber und berühren sich nur mit den Fingerspitzen. Irgendwann entsteht eine Bewegung, ohne daß klar ist, wer führt oder wer folgt. Beide reagieren auf die Energie des anderen. Die Bewegungen kommen ins Fließen. Für Außenstehende sieht das sehr harmonisch aus, obwohl die Bewegungen unlogisch sind, und niemand könnte die nächste Bewegung vorhersagen. Wir Menschen haben ein angeborenes Gespür für diese innere Harmonie. Wir müssen auf unser Gespür vertrauen und dieser Harmonie wieder mehr Raum lassen. Das wird auf Kosten der Geradlinigkeit und der Perfektion gehen, aber wir werden dafür Lebendigkeit und Gesundheit gewinnen.

Old Man Hat, ein älterer Navajo, lehrte seinen Neffen, wie er sich um den Viehbestand kümmern müsse (Forbes, S. 20): »Nachdem du alles großgezogen hast, Schafe, Pferde und Rinder, und du einen großen Besitz bekommen hast, sollst du deinen Besitz und deinen Viehbestand nicht beschimpfen und nicht verfluchen… Diese Dinge sind wie deine Kinder. Du sollst sie gut behandeln, dann wirst du immer etwas haben. Und sprich nicht grob. Wenn du es tust, wirst du diese Dinge nicht bekommen, da Vieh und Besitz wissen, daß du grob zu ihnen bist. Sie werden ängstlich sein und nicht zu dir kommen wollen. Wenn du gütig bist und gütig sprichst, dann werden sie wissen, daß du ein gütiger Mann bist, und dann wird alles zu dir kommen.«

Schon als kleines Kind habe ich immer wieder Erwachsene gefragt, ob wir nicht die Erde erwärmen, wenn wir so viel Öl verbrennen. Die Antwort war immer »Nein«. Heute weiß ich es besser. Ich kann meiner Intuition trauen. Schon vor 15 Jahren spürte ich, daß mit unserem Klima etwas Grundlegendes geschieht, der Herbst hatte Tage, die sich wie Frühling anfühlten, und der Winter fühlte sich gar nicht mehr wie Winter an, eher wie Herbst.

Damals war ich sehr verzweifelt. Ich befürchtete, daß die Natur aus den Fugen gerät. In meiner Verzweiflung nahm ich in der Meditation Kontakt zu »den Kräften« auf und bat sie um eine Botschaft. Plötzlich sah ich, daß ein Blatt der Hecke, vor der ich ganz ruhig stand, anfing sich aufzublähen. Es wurde immer dicker und fetter und dunkelgrün. Es strotzte nur so vor Kraft. Das war die einzige Vision, die ich jemals in meinem Leben hatte. Andere Leute, die öfter meditieren, haben öfter Visionen, ich bin da nicht so begabt, aber diese Vision war deutlich. Die Natur ist unglaublich stark, sie wird sich selbst retten. Allerdings wird es viele Veränderungen geben, je später wir die Richtung ändern, um so mehr, und darunter werden wir Menschen leiden. Dadurch, daß die Welt sich erwärmt, wird es nicht einfach überall auf der Welt wärmer, sondern das Weltklima gerät durcheinander. Erinnern Sie sich an die Abbildung des Fraktals? Wenn Sie nur eine Kleinigkeit ändern, entsteht ein ganz anderes Bild. Wir können die Folgen unserer gedankenlosen Umweltverschmutzung nicht vorhersagen, weil die Abläufe nicht in unserem Sinne logisch sind. Wir können lediglich feststellen, was passiert.

China leidet bereits unter der Klimaveränderung. Im vergangenen Jahr hat eine schwere Dürre zu einem Rückgang des Ernteertrages um zehn Prozent geführt.

Wenn die Meerwassertemperatur um Kuba um ein Grad steigt, steigt die durchschnittliche Windgeschwindigkeit in den USA um das Zweieinhalbfache. Wenn wir einen Punkt in dem schönen Muster verändern, kann ein ganz anderes Muster entstehen.

Die Indianer sind sich bewußt, daß wir die Erde, die Natur zum Leben brauchen, daß wir mit allem verbunden sind:

> »Ist nicht der Himmel ein Vater und die Erde eine Mutter, und sind nicht alle lebenden Dinge mit Füßen oder Flügeln oder Wurzeln ihre Kinder? ... die Erde, von der wir gekommen sind und an deren Brust wir wie Kinder unser ganzes Leben lang saugen, zusammen mit allen Tieren und Vögeln und Bäumen und Gräsern.«
>
> Schwarzer Hirsch, »Ich rufe mein Volk«

Wir könnten viel von ihnen lernen, statt dessen werden sie von uns belächelt, weil sie nichts zustande bringen, will heißen, keine Städte bauen, keine Reichtümer anhäufen.

Gibt es einen Weg, die Harmonie der Natur zu verstehen, sich mit dem blumigen Muster zu bewegen, statt eine Bresche hineinzuschlagen? Ich glaube ja, ich glaube, die Richtung ist sogar ganz einfach zu finden. Der Wegweiser ist uns angeboren. Wir brauchen nur die Stimme des Herzens sprechen zu lassen.

Bei Christus heißt es in der Bergpredigt, daß ohne Liebe alles nichts ist. Würden Sie sagen, daß die Manager der großen Konzerne ihrer Arbeit mit Liebe nachgehen? Wie würde die Welt aussehen, wenn im Wirtschaftsleben ein liebevoller Umgang statt Konkurrenzdenken einkehren würde?

Unsere Welt ist so, wie wir sie gestalten. Wenn wir wollten, könnte sie ganz anders aussehen. Es ist nicht wahr, daß wir dem großen System ausgeliefert sind. Es gibt nicht »das System«. Die gemeinsame Absprache vieler Menschen macht es erst zu dem, was es ist.

Machen Sie selbst die Probe aufs Exempel. Beobachten Sie ihre Umwelt wach und halten Sie nach den Gierigen Ausschau. Versagen Sie ihnen Ihre Gefolgschaft und Ihre Verehrung. Wenn Sie aufhören, jemanden zu bewundern, weil er oder sie im Jahr 50 Millionen Dollar verdient oder eine große Villa hat oder einen Rolls Royce oder einen BMW oder Mercedes der Mega-Klasse fährt, entziehen sie ihm damit den größten Teil seiner Macht und damit auch dem »System«.

Ich bin mir absolut sicher, daß wir ohne Konkurrenz und Neid die Menschheit besser mit den notwendigen Gütern und Dienstleistungen versorgen können als jetzt. Wir verbrauchen durch Machtansprüche und Verteilungskämpfe sehr viel Energie und Know-how. Wenn wir diese Energie zu unserem Wohle, zum Wohle aller Lebewesen auf der Erde und im Einklang mit dem Universum einsetzen, können wir tatsächlich die Welt verändern. Jeder und jede einzelne.

6. Die weiße Magie des Geldes

»Was immer du tun kannst oder erträumst
zu können, beginne es.
Kühnheit besitzt Genie,
Macht und magische Kraft.
Beginne es jetzt.«
Johann Wolfgang von Goethe

Wir alle sind magisch tätig, ob wir uns dessen bewußt sind oder nicht. Jeder Mensch strahlt eine bestimmte Energie aus, die unter bestimmten Umständen sogar für andere Menschen körperlich spürbar ist. Wohl niemand würde bestreiten, daß man spüren kann, wenn man von hinten von jemandem fixiert wird. Machen Sie selbst die Probe, wenn Sie das nächste mal im Kino oder Theater sitzen. Schauen Sie intensiv auf jemanden, der irgendwo vor Ihnen sitzt und probieren Sie aus, wie lange es dauert, bis er oder sie sich rumdreht. Wenn Sie eher telepathisch begabt sind, wird es Ihnen vielleicht öfter passieren, daß Sie an jemanden denken und kurz darauf klingelt das Telefon und derjenige ist dran. Sie haben Energie ausgesandt, und der andere hat sie empfangen, oder umgekehrt. Selbst wenn Sie zu den Menschen gehören, die solche Erfahrungen als Sinnestäuschung ansehen, ändert es nichts daran, daß Sie energetisch wirken.

Wenn Sie Lust haben, können Sie Ihre Fähigkeiten auf diesem Gebiet ausweiten, allerdings müssen Sie dafür regelmäßig üben. Die meisten Schamaninnen weisen darauf hin, daß man, um sich spirituell weiterzuentwickeln, fünfzig Prozent seiner Aufmerksamkeit den weltlichen Dingen und fünfzig Prozent den anderen Bewußtseinsebenen widmen sollte.

Die menschliche Willenskraft ist eine der stärksten Kräfte im Universum. Sie ist zwar keine eigene Energieform, aber sie ist in der Lage, sehr starke Energien zu bündeln und mit ihrer Hilfe auf dieser Realitätsebene

Wahrscheinlichkeiten zu materialisieren, das heißt, Wirklichkeit werden zu lassen.

So wie die Welt um uns herum aussieht, haben wir sie gestaltet. Das meine ich nicht im übertragenen Sinne, sondern ganz konkret. Es gibt Menschen, die vertreten sogar die Ansicht, daß wir Menschen in gemeinsamen Absprachen auf bestimmten Bewußtseinsebenen Einfluß auf die Natur nehmen und etwa Naturkatastrophen hervorrufen, um seelische Spannungen abzubauen. Diese Idee erscheint mir nach allem, was ich bisher über den menschlichen Willen erfahren habe, nicht abwegig.

Mit ihrer Willenskraft können die Menschen für sie günstige Wahrscheinlichkeiten anziehen. Das kann jeder und jede lernen. Magische Fähigkeiten zu entwickeln, ist nicht so schwierig. Wir trainieren sie einfach zu wenig. Schamaninnen weisen darauf hin, daß man fünfzig Prozent seiner Aufmerksamkeit der spirituellen Ebene widmen sollte. Wenn wir tatsächlich die Hälfte unseres Tages der Meditation und dem Aufspüren anderer Bewußtseinsebenen widmen würden, könnten wir tatsächlich schnell magische Fortschritte erzielen.

Durchschnittsmenschen sind aber in der Regel den ganzen Tag geschäftig. Sie arbeiten irgend etwas, putzen, räumen, reden, essen und so weiter, aber sie halten nicht inne, um sich zu versenken, sie visualisieren nicht, sie bündeln nicht ihre Willenskraft, was ich fokussieren nenne. Würden sie es tun, würde ihre Welt ganz anders aussehen. Nicht unbedingt besser, aber eher ihrem Willen entsprechend.

Damit die Welt »besser« für alle Lebensformen aussieht, müßten die Menschen, während sie ihren Willen formieren, nachspüren, ob sie sich im Einklang mit dem Universum befinden. Es gibt kein objektiv gut oder schlecht. Eine Tat kann zu einem Zeitpunkt schlecht sein und zu einem anderen Zeitpunkt gut. Es hängt von den jeweiligen Umständen, der speziellen Kreuzung von Energielinien ab, ob eine Tat zu einem speziellen Zeitpunkt paßt oder nicht, ob sie sich in den Klang des Universums einfügt oder ob sie stört. Mit einiger Übung der Intuition kann man lernen, das zu unterscheiden.

Manchmal braucht man dann zur Umsetzung dessen, was man spürt, Mut. Die Intuition liefert manchmal unpopuläre Eingebungen, die sich mit dem, was »die Masse« denkt, nicht decken. Dann gilt es durchzuhalten und zu sich und seiner Intuition zu stehen. Die Meinung der Masse ist nie ein guter Ratgeber. Wenn Sie beginnen wollen, magisch zu leben und ihre Wünsche zu materialisieren, müssen Sie unbedingt aufhören, danach zu schielen, was »man so macht«. Sie brauchen Eigenmächtigkeit, und Sie müssen sich ihrer eigenen Unendlichkeit bewußt werden. Sie müssen sich zutrauen, daß sie sich aus der Unermeßlichkeit des Universums bedienen dürfen. Seien Sie nicht sittsam und bescheiden, wenn Sie dem Universum gegenübertreten, aber auch nicht anmaßend und unmäßig.

Spüren Sie nach, welcher Wunsch zu ihnen paßt, und stehen Sie dann dazu, ohne gleich zu denken, »Steht mir das auch zu?«, »Darf ich mir so etwas wünschen?« Sie dürfen alles. Das Universum ist unermeßlich. Sie sollten lediglich im Auge behalten, ob die Energie Ihrer Wünsche Sie nicht von den Füßen reißt.

Selbst schöne und positive Ereignisse müssen wir verkraften. Wenn das, was wir erleben, unser Energieniveau überstrapaziert, können wir aus dem Gleichgewicht geraten.

Ziel des Lebens und Voraussetzung für das Glücklichsein ist nicht, daß sich möglichst alle Wünsche erfüllen, sondern daß sie sich so und zu solchen Zeitpunkten erfüllen, daß sie mit unserer energetischen Verfassung harmonieren. Das führt zu *Wohl*stand.

Sie brauchen zum Verwirklichen Ihrer Wünsche nicht unbedingt Geld. Sie können sich auch genausogut gleich das Ziel Ihrer Wünsche materialisieren, statt den Umweg über das Geld zu gehen. Sie können sich in Ihrem Wunschritual gleich ein Haus in Spanien oder eine Boutique in einer Stadt wünschen. Überlassen Sie es ruhig dem Universum, wie es für Sie die Energiebahnen zusammenfädelt, die dann zu Ihrem Wunschergebnis führen. Vergessen Sie nicht, daß die Wirkungsgesetze des Universums nicht geradlinig und logisch verlaufen, sondern in blumigen

Mustern. Je weniger Sie sich in die Realisierung Ihres Wunsches einmischen, um so besser.

Wichtig ist nur, daß Sie immer wieder Ihren Willen fokussieren und sich genau auf Ihren Wunsch konzentrieren. Jeder zögerliche Gedanke kann schon das »Aus« für Ihren Wunsch bedeuten. Die Triebkraft zur Realisierung Ihres Wunsches sind Ihre Emotionen. Sie müssen sich also lebhaft ausmalen, wie Sie sich fühlen, wenn Ihr Wunsch eintritt. Was Sie zum Beispiel empfinden, wenn Sie in Ihrem Haus in Spanien auf der Terrasse sitzen und auf das blaue Meer blicken, wie Sie die Sonne genießen, welche Kleider Sie tragen. Je genauer Ihre Vision ist, je farbiger und lebensechter, um so mehr Emotionen werden Sie erzeugen und damit die Verwirklichung vorantreiben.

Um Wünsche zu realisieren, braucht man eine gute Konzentrationsfähigkeit. Wenn Sie nicht Herr oder Herrin über Ihre Gedanken sind, können Sie nicht genug Kraft auf Ihren Zielpunkt bündeln, und Sie werden durch Gedanken, die nichts mit Ihrem Wunsch zu tun haben abgelenkt. Der Wunsch braucht, um sich realisieren zu können, schon eine bestimmte Kraft.

Wenn Sie schon gleich zu Beginn denken: »Das wird ja doch nichts« oder: »Habe ich das wirklich verdient?«, nehmen Sie Ihrem Wunsch selbst den Wind aus den Segeln. Am besten ist völlige Unbefangenheit und Vertrauen in die eigene Kraft.

In meinem regelmäßigen Kurs war einmal eine Frau, die brachte zu einem unserer Wunschrituale eine ganze Wunschliste mit mindestens dreizehn verschiedenen detaillierten Punkten. Unter anderem wünschte sie sich, ihr Haus in Frankreich für einen bestimmten Betrag zu verkaufen, dann wollte sie mit ihrem Freund in ein schönes Haus in Saarbrücken zusammenziehen, sie wollte einen Job mit gutem Gehalt, bei dem sie mit interessanten Leuten Umgang hat. Binnen weniger Monate waren alle Punkte erfüllt, und sie kam auch nicht mehr in den Kurs. Sie hatte, was sie wollte.

7. Wir werden eigenmächtig! – der Ruf der inneren Stimme

Die Sonne geht auf,
da arbeiten wir.
Die Sonne sinkt,
da rasten wir.
Wir graben Brunnen
und trinken dann.
Wir pflügen Felder
und essen dann.
Des Kaisers Macht,
was geht sie uns an?
aus dem *Schu-Djing*, China 7. Jh. v. Chr.

Die Menschheit steht an der Schwelle zu einem neuen Bewußtseinsschritt. Noch niemals hatten die Menschen so viele Möglichkeiten, eigenmächtig zu handeln und ihre eigene Schöpferkraft bewußt wirken zu lassen. Noch niemals waren sie so wenig von Konventionen und Rollenverständnissen eingeengt wie heute. Gerade den Frauen war ein eigenschöpferisches Verhalten noch bis vor 30 - 40 Jahren bei uns verwehrt. Eigenmächtige Frauen hatten es sehr schwer. Viele wurden als Hexen verbrannt. Heute hätten sie die Möglichkeit, ihrem eigentlichen Lebensweg zu folgen, aber sie selbst hindern sich oft daran. Mangelndes Selbstvertrauen und die Angst zu versagen spielen eine Rolle, aber auch unser gestörter Umgang mit Geld.

Während ich an diesem Kapitel arbeitete, hatte ich einen Traum. Ich war in einer sehr großen Jugendherberge oder einem Konferenzhotel und sollte dort eine Gruppe von Lehrern unterrichten. Ich war nicht vorbereitet, hatte aber einen Stapel mit Blättern dabei, und aus diesen suchte ich mir Cartoons und Zeichnungen zur Frage: »Warum bin ich auf der Welt?« Diese Frage schrieb ich an die Tafel. Dann suchte ich als mögliche Antwort darauf die Zehn Gebote aus meinem Blätterstapel und stieg damit in die Diskussion ein.

Dieser Traum brachte mich auf einen wichtigen Punkt für mein Buch: In früheren Zeiten reichte es, seinen Sinn des Lebens darin zu finden, gottgefällig als Christ zu leben und einfach nur seine Pflicht zu tun. Heute sind die Menschen weiter. Sie spüren, daß das nicht mehr reicht. Der Bezugsrahmen ist weiter geworden. Die Menschen haben mehr Möglichkeiten, ihre eigene Schöpfungskraft zu entwickeln, das heißt, die eigenen göttlichen kreativen Anteile, den göttlichen Funken in sich zu erkennen und ihn nach außen in der Welt gestaltend umzusetzen. Ich glaube, die Menschen haben jetzt die Pflicht, gestaltend in die Welt einzugreifen – ich meine damit bewußt gestaltend, denn unbewußt tun sie das sowieso. Unsere Welt ist so, wie sie ist, weil wir sie so gestalten. Unsere Häuser, Städte, politischen Systeme, Regierungen, Wirtschaftssysteme, Kulturen sind so, weil wir Menschen sie so gemacht haben. Einige Leute gehen sogar noch weiter, sie sagen, wir würden mit der Kraft unserer Gedanken sogar die Natur beeinflussen und zwar ganz konkret, in Form von Naturkatastrophen oder anderen Naturphänomenen.

Trotzdem haben viele Menschen das Gefühl, sie hätten keinen Einfluß, sie wären in eine Welt geboren, die sich von ihnen nicht beeinflussen läßt.

Gerade in der Psychiatrie treffe ich viele Menschen, die das offen aussprechen. Viele Menschen dort haben angefangen, bohrend die Frage nach dem Sinn ihres Lebens zu stellen und sind, weil sie keine Antwort fanden, darüber krank geworden. Ich finde sie mutig, weil sie den Mut haben, ihre Scheuklappen abzulegen, sich nicht mehr mit der täglichen Einheitsroutine abzugeben und wie ein »Hamster im Rad« ihre wie auch immer geartete Pflicht zu erfüllen, sondern sich statt dessen zu fragen: »Warum bin ich auf der Welt?«

Nun werden wir in unserer Gesellschaft auf diese Frage nicht vorbereitet. Ich habe sie mir als Kind in der Grundschule schon gestellt.

Ein Religionslehrer sagte mal zu mir: »Um zu lachen und sich zu freuen«, aber das war mir damals schon zu wenig. Es beunruhigte mich, daß mein Leben sonst keinen Sinn haben sollte. Natürlich war mir beigebracht worden, daß mein Leben »gut« war, wenn ich mich an die Zehn Gebote hielt und keine Sünde beging, aber das reichte mir als Sinn meines Lebens nicht aus. Bekam es einen Sinn, wenn ich »brav« war? Nein, das war mein Verhalten, aber in meinem Innern war es noch immer leer. Wozu bin ich auf der Welt? Die Frage ließ mich nicht mehr los. Keiner um mich herum schien sich diese Frage zu stellen oder mit ihr etwas anfangen zu können. Immer wieder fragte ich mich, warum ich anders war als die anderen.

Schon als kleines Kind hatte ich das Gefühl, daß etwas mit mir nicht stimmt. Ich kam mir sehr viel älter vor als die Erwachsenen, die mich umgaben, und ich merkte ständig, daß ich die Welt anders empfand, als sie sie mir erklärten. Ich hatte oft das Gefühl, uralt zu sein und vieles von dem, was ich sah, schon einmal erlebt zu haben, nicht als Déjà-vu, sondern in abgewandelter Form. Besonders, wenn die Erwachsenen gemein zueinander waren, dachte ich oft »nicht schon wieder«. Ich wußte damals nichts von Wiedergeburten, aber ich hatte das Gefühl, all das schon sehr oft erlebt zu haben. Ich spürte auch ganz deutlich die Ausstrahlung von Menschen und was sie wirklich dachten, merkte auch sofort, wenn sie mir etwas erzählten, um etwas Bestimmtes zu erreichen, wenn ihr Verhalten also nicht aufrichtig war. Ich war total verwirrt, weil alle um mich so taten, als wäre alles normal. Selbst die Kinder, mit denen ich spielte, wunderten sich nicht über die Erwachsenen. Ich hatte nur einen Freund, einen kleinen Jungen, der bei meiner Oma im Haus wohnte, mit dem ich wenigstens über Planeten und Außerirdische reden konnte. Als ich etwa elf Jahre alt war, nahm ich all meinen Mut zusammen und erzählte meiner Mutter, daß ich die Ausstrahlung von Bäumen und Pflanzen spüre, daß sie für mich Lebewesen seien, mit denen ich reden könne, und daß ich in der Gegenwart von manchen Bäumen richtig glücklich sei. Meine Mutter reagierte so, wie ich es insgeheim schon befürchtet hatte. Sie sagte, ich solle mit der Spinnerei aufhören. Es war ein Schlag für mich, aber ich hatte einfach Klarheit gebraucht. Ich hatte wissen wollen, ob sie so etwas wirklich nicht empfand.

Nach dem Gespräch fühlte ich mich furchtbar einsam. Ich fragte mich immer wieder, was bloß mit mir los war. Warum war ich nicht wie die anderen? Sie konnten leichtfüßig an allem vorbeitänzeln, konnten an der Oberfläche der Dinge bleiben. Ich konnte das nicht. Sie konnten sich auf Familienfesten vergnügen. Sie konnten lachen, trinken, rauchen, ich machte äußerlich mit, aber innerlich war ich oft traurig, weil ich die versteckten Gefühle der Erwachsenen spürte. Ich fragte mich immer wieder: Warum sagen sie nicht, was sie wirklich fühlen, warum spielen sie nur Theater, warum sind sie nicht echt?

Schließlich war ich überzeugt, daß ich, wie im Märchen, aus einer anderen Welt aus Versehen hier gelandet war oder daß mich Außerirdische nach einer Landung auf der Erde vergessen hätten. Ich fand einfach niemanden, der so dachte und fühlte wie ich. Ich stellte mich oft ins Freie, blickte zum Himmel und bat die Außerirdischen, mich doch wieder abzuholen. Aber nichts geschah.

Meine gesamte Kindheit war von diesem Gefühl der Andersartigkeit überschattet. Es wurde erst besser, als ich mit fünfzehn Jahren in einer Frauenzeitschrift einen Artikel über Tai Chi las. Ich war überglücklich, und Freudenschauer liefen mir über die Haut. Irgendwo auf der Welt, wenn auch weit weg in Japan oder China, gab es noch andere Menschen, die die Energie von Menschen spürten und die dafür sogar einen Namen hatten: »Chi«.1975 war der Begriff des »Chi« bei uns noch nicht weit verbreitet, heute, fünfundzwanzig Jahre später, ist die Lebensenergie schon für viele Leute ein Begriff. Damals machte ich mich auf eine beschwerliche Suche. Ich interessierte mich für fernöstliche Religionen und Zen-Meditation. Ich habe mittlerweile den ersten Dan in Karate und den zweiten Dan in Aikido, belegte Kurse in Shiatsu und Tai Chi und forschte nach dem Ki, der universellen Lebensenergie in allen Lebensbereichen. Heute bin ich in der Lage, mein energetisches Wissen gezielt einzusetzen, nicht nur in der Kampfkunst, sondern auch beim Singen, beim Musizieren, im täglichen Leben und beim Gestalten von Hexenritualen. Ich habe meinen eigenen Weg gefunden, und auf ihm bin ich sehr eigenmächtig. Ich habe meine kleine Tochter selbst getauft, und mit meinem kleinen Sohn werde ich auch ein schönes spirituelles Fest mit Freunden und Bekannten feiern, ohne die Autorität eines Priesters.

Hätte ich auf die Gebote und Verbote meiner Umwelt gehört, hätte ich meinen Weg niemals gefunden. Hätte ich auf meinen Verstand gehört, hätte mich die Angst vor einem finanziellen Desaster bestimmt gehindert, solch einen außergewöhnlichen Lebensweg zu gehen. Ich hätte niemals den Weg zu mir selbst und zu meiner Mitte gefunden.

In seinem energetischen Zentrum zu sein, ist kein Zustand, sondern eine Fähigkeit. Man muß es spüren können, wenn man aus dem Gleichgewicht zu geraten droht. Bemerkt man es, muß man fühlen, wer oder was die Ursache ist. Diese Person oder Situation sollte man meiden und zwar konsequent, koste es, was es wolle, und auch unabhängig davon, was »die anderen« sagen.

Hüten Sie sich davor, wegen des Geldes in für Sie ungünstigen Lebensumständen zu verharren. Hören Sie nicht auf die warnenden Stimmen lieber Mitmenschen, die an Ihrem Verstand zweifeln, wenn Sie einen gutbezahlten Job oder einen gut verdienenden Ehemann verlassen, der Ihnen nicht guttut. Den Verlust Ihrer Lebensenergie können Sie durch keinen Geldbetrag der Welt ersetzen. Ihre Lebensenergie ist das Kostbarste, was Sie auf dieser dreidimensionalen Realitätsebene besitzen. Ohne ein ausreichendes Mindestmaß dieser Lebensenergie, können Sie nicht mehr gestaltend tätig werden, können Sie Ihrer Schöpferkraft keinen Ausdruck verleihen, können Sie nicht mehr lieben und nicht mehr die Schönheit der Welt wahrnehmen. Sie beginnen, zu vegetieren. Unterschreiten Sie eine bestimmte Schwelle Ihres Energieniveaus, werden Sie anfällig für geistige und körperliche Krankheiten, die schließlich sogar zum Tode führen können. Wenn Sie nicht lernen, sich von den Stimmen der Umwelt unabhängig zu machen, und lernen, auf den Ruf

Ihrer eigenen inneren Stimme zu hören, befinden Sie sich in ernster Gefahr.

Es ist nicht gleichgültig, wie Sie vor sich hin leben. Jedes Lebewesen ist ein wichtiger Baustein im gesamten Plan des Lebens, jedes menschliche Bewußtsein hat eine wichtige Aufgabe. Der einzelne Mensch kann die Welt nicht retten, aber er sollte seine Aufgabe finden, egal, was Familie, Freunde, Bekannte, Ratgeber oder der Verstand sagen.

Ein Beispiel: Nehmen wir mal an, Sie seien gut verdienender Sachbearbeiter in einer Versicherung, 45 Jahre alt, männlich. Seit einiger Zeit spüren Sie, daß Ihr Job nicht mehr zu Ihnen paßt. Sie haben an Ihrem Arbeitsplatz das Gefühl, daß Ihre Lebenszeit verrinnt. Gut, Sie erhalten Ihr Gehalt dafür, aber irgendwo in Ihrem Innern spüren Sie, daß dieses Geld kein wirklicher Ausgleich für die nicht gelebte Zeit ist. Sie spüren auch, daß Sie in Ihrer Freizeit die nicht gelebte Zeit nicht wieder aufholen können. Sie sind sich bewußt, daß Sie immer im »Jetzt« leben und einmal vertane Zeit nicht wieder zurückholen können. Sie sind also schon ein vergleichsweise wacher Mensch, der viel spürt, es aber nicht richtig einordnen kann. Nehmen wir an, Sie machten sich jetzt auf die Suche nach einer Alternative. Natürlich würden Sie sich zuerst fragen, ob Sie vielleicht bei einem anderen Versicherungsunternehmen wieder mehr Erfüllung in Ihrem Job finden würden. Nach einiger Zeit der Prüfung müßten Sie diese Frage verneinen. Sie würden sich fragen: »Was dann?« Nehmen wir jetzt einmal an, Ihr Horchen auf die innere Stimme brächte die Antwort: »Ich würde gerne mit Kindern arbeiten.«

Stellen Sie sich vor, was Ihr Verstand dazu sagen würde. Mit Sicherheit kämen Ihnen Sätze: »Was, als Mann?«, »In diesem Alter?«, »Willst du mit fast fünfzig Jahren noch eine Erzieherstelle im Kindergarten antreten, und selbst, wenn du eine findest, wer sollte dich anstellen und wie wolltest du von dem kleinen Erziehergehalt eine Familie ernähren?« usw. usw. Pfffffff.... Wie bei einem Luftballon sehe ich Ihrer Vision die Luft ausgehen, bis nur noch die schrumpelige Hülle da liegt. Was tun?

Zunächst einmal müssen Sie die Oberhand über Ihren Verstand gewinnen. Sie müssen ihm klarmachen, daß er sich aus wichtigen Lebensfragen herauszuhalten hat. *Sie* müssen sich klar werden, daß Ihr Verstand nicht in der Lage ist, Ihre komplette Lebenswirklichkeit zu überblicken. Er sieht nur die Oberfläche und läßt sich durch Gewohnheit leicht täuschen. So funktioniert er auch in Geldangelegenheiten. Unser Wirtschaftssystem wird durch die Allmacht des Geldes dominiert. Wir haben uns daran gewöhnt, daß die Frage nach dem Geld, der Rendite, dem finanziellen Vorteil bei Entscheidungen den Ausschlag gibt. Der Verstand denkt, das müsse so sein, weil er diese Vorgehensweise als allgemein üblich kennengelernt hat. Wären wir mit einem anderen Denkmodell aufgewachsen, in dem zum Beispiel die Harmonie mit dem Universum und das Wohl aller Lebewesen im Vordergrund stehen, würde unser Verstand das als »normales« Verhalten einstufen. Der Verstand ist nicht kreativ. Er kann nichts Neues schöpfen. Er kann Daten verwalten, vergleichen, organisieren. Er nimmt an Informationen auf, was kommt, und vergleicht sie mit dem, was er schon weiß. Abweichende Daten werden von ihm als suspekt eingestuft. Er versucht, sie anhand von dem, was er schon kennt, zu deuten.

Machen Sie Ihrem Verstand klar, daß unser Wirtschaftssystem, wie Ihr Verstand es kennt, nicht rational ist. Es ist zwar vordergründig effizient, hat aber so viele negative Nebenwirkungen, daß eine Weiterverfolgung dieser Form des wirtschaftlichen Handelns nicht logisch ist. Käme Mister Spock auf die Erde, er müßte sich sehr über uns wundern. Wir geben vor, im Umgang mit Geld rational zu sein, in Wirklichkeit sind wir Meister im Verdrängen und haben eine illusionäre Scheinwelt aufgebaut, die ausgedient hat. Wir müssen uns jetzt ein anderes Konzept ausdenken, unser Leben nach anderen Prinzipien ausrichten. Das ist logisch. Auch Mister Spock würde uns raten, uns schleunigst umzuorientieren. Die Richtung finden wir in unserem Inneren.

Ich habe in diesem Buch meinen Lebensweg beschrieben, weil ich zeigen wollte, daß man selbst bei einem sehr außergewöhnlichen

Lebensweg nicht verhungert, wenn man eigenmächtig handelt, sondern, im Gegenteil, vom Universum reich belohnt wird.

Eigenmächtig heißt aber nicht egoistisch. Ich stelle mir mehrmals täglich die Frage, ob ich meine Energie zu meinem Besten und im Einklang mit dem Universum einsetze, das heißt, auch zum Wohle allen Lebens auf der Erde.

Nur wenn ich die Frage mit »Ja« beantworten kann, ist die Handlungsweise auch gut für mich. Genauso gehe ich auch mit dem Thema Geld um. Ich gebrauche meinen Verstand, um zu kalkulieren, Rechnungen nachzuprüfen, Wechselgeld nachzuzählen. Vor der Entscheidung aber, ob ich in etwas Geld oder Energie investieren soll oder nicht, höre ich in mich hinein. Wenn meine Intuition zustimmt, mache ich es, ohne zu zögern, dann lasse ich meinen Energien freien Lauf und lasse mir von niemandem mehr hineinreden. So kann ich dann für mich positive Wahrscheinlichkeiten anziehen. Ich brauche keine Autoritäten mehr, die mir sagen, was ich machen soll und wie ich etwas machen soll. In manchen Bereichen erkenne ich Menschen als Lehrer an, aber das ist etwas anderes. Ich möchte trotzdem nicht, daß sie in meinem Leben mitreden. Erst recht hat das Geld bei mir nichts mehr zu sagen. Ich habe keine Angst vor ihm, ich achte es als Tauschmittel, aber mehr nicht. Auf wichtige Lebensfragen hat es keinen Einfluß. Zu leicht wird das Geld zum Stolperstein auf dem Weg zur Selbst-Verwirklichung. Ich vertraue auf meine energetischen, man könnte auch sagen, magischen Fähigkeiten. Ich bin eigenmächtig und frei. Sie können das auch sein, wenn Sie wollen.

8. Den optimalen Reichtum finden – Hans im Glück

»Willst du, o Idomeneus, den Phytokles reich machen, so mußt du nicht sein Vermögen vermehren, sondern seine Bedürfnisse vermindern.«
Epikur

Während Sie Ihre Energien fließen lassen, sollten Sie immer nachspüren, ob Sie sich noch in Ihrer Mitte befinden. Wie das geht, habe ich im Kapitel »Geld und der Sinn des Lebens« und bei den praktischen Übungen beschrieben. Jeder Mensch hat eine Geldmenge, die optimal zu ihm paßt. Wird sie unterschritten, kann er oder sie nicht mehr seine oder ihre Wünsche realisieren, wird sie überschritten muß der Mensch sich zu viel mit der Verwendung seines Reichtums beschäftigen, und er verliert sein Ziel aus den Augen. Diese optimale Reichtumsmenge ist nicht konstant. In der Regel schwankt sie im Verlauf eines Lebens, bei den meisten Menschen ist sie allerdings leicht ansteigend. Plötzlich auf Sie einströmende große Geldmengen können Sie aus der Bahn werfen. Selbst ein hervorragendes Geschäft kann zu Ihrem Nachteil sein. Immer mehr, heißt nicht automatisch, immer besser. Spüren Sie nach, ob ein kleines Reihenhaus oder eine große Villa besser zu Ihnen paßt. Mein Freund, der tibetische Lama, wird niemals ein großes Anwesen besitzen, aber er ist mit seinem Leben sehr zufrieden. Ihn würden zu große materielle Reichtümer von der Meditation ablenken. Er sagt so etwas nicht aus falscher Bescheidenheit, sondern aus selbstbewußter Überzeugung. Ich kann das nachempfinden. Am besten kann ich in einem Raum meditieren, der fast ganz leer ist. Bin ich von Dingen umgeben, seien sie auch noch so schön, lenken sie mich ab. Ich hüte mich zum Beispiel davor, mir eine Villa in Südfrankreich zu wünschen. Ruck-zuck hätte ich sie materialisiert. Mein größtes Anliegen gilt dem Forschen nach Energien und der spirituellen Weiterentwicklung. Hätte ich eine Villa am Hals, müßte ich Zeit für ihren Erhalt aufwenden; Zeit, die mir für mein eigentliches Lebensziel verlorengehen würde.

Wieviel Reichtum zu Ihnen paßt, können nur Sie selbst entscheiden.

Der Philosoph Seneca war ein sehr wohlhabender Mann. Wurde er gefragt, warum er Reichtum geringschätzt, aber dennoch welchen besitzt, so antwortete er:

»Der Weise achtet keinerlei Gaben des Schicksals unwert. Aber er hängt sein Herz nicht an sie. Reichtum stimmt und erheitert ihn so wie den Segelnden günstiger Fahrtwind. Er weiß, daß der Wind ihm nicht gehört. Höre also auf, dem Weisen den Besitz des Reichtums zu mißgönnen oder zu verbieten. Die Weisheit ist keineswegs zur Armut verdammt. Ein Philosoph kann reich sein; aber sein Besitz ist nicht mit Tränen oder Blut befleckt und keinem geraubt, und seine Hingabe ist so segensreich wie sein Zufluß. Der Weise weiß um seine Aufgabe, mit seinen Gaben und Reichtümern so vielen wie möglich zu helfen. Gut-Tun ist im Fundament des Gut-Ergehens.« (Seneca, S. 44)

Grundsätzlich kann man sagen, daß Reichtum, der Sie befreit, gut für Sie ist, und Reichtum, der Sie bindet, schlecht. Nur auf Ihr persönliches Verhältnis kommt es an. Solange der Reichtum Ihr Diener bleibt, kann er Ihnen nützen. Doch Ihr inneres Verhältnis muß so frei bleiben, daß Sie seinen Verlust ertragen können, ohne aus der Bahn geworfen zu werden. Ihre innere Stärke muß die Oberhand behalten, sonst wedelt der Schwanz mit dem Hund. Grob gesprochen könnte man sagen, daß ein starker Charakter auch großen Reichtum verträgt, ein schwacher Charakter wird durch Reichtum leichter aus der Bahn geworfen. Aber es gibt auch Menschen, die eine gute Begabung haben, Materie zu binden und trotzdem innerlich frei zu bleiben. Sie können ein großes Vermögen betreuen und sich trotzdem spirituell weiterentwickeln, auch wenn Ihr Energieniveau relativ gering ist. Bei mir ist das nicht so. Ich muß immer aufpassen, mit wieviel Materie ich mich umgebe. Das eine Haus, das ich zur Zeit besitze, ist für mich gerade genug. Es kann sein, daß sich das in

Zukunft ändert, aber momentan wäre noch mehr Grundbesitz nicht gut für mich. Das würde mir Aufmerksamkeit für meine innere Entwicklung abziehen. Der Fluß meiner Energien würde nicht gefördert, sondern gestört. Jeder Mensch ist ein eigenes Universum mit eigenen Regeln. Spüren Sie nach, welches Verhältnis Sie zu Reichtum haben, und versuchen Sie, die Grenze zu erspüren, bis wann er Sie beflügelt und ab wann er Sie bedrückt.

9. Großzügigkeit

Der Weise häuft nichts an.
Nachdem er alles, was er hat,
den anderen geschenkt hat,
hat er immer noch mehr;
nachdem er alles, was er hat,
den anderen gegeben hat,
ist sein Reichtum noch größer.
Lao Tse

Das Universum ist unermeßlich. Wenn wir etwas von seiner unendlichen Größe und Vielfalt in unser Leben einziehen lassen wollen, brauchen wir selbst nur großzügig zu sein und auf die Fülle zu vertrauen. Ein großzügiger Mensch öffnet sich. Er streckt sich, macht sich weit. Er lebt in großen Dimensionen. Ein ängstlicher, geiziger oder neidischer Mensch macht sich klein, zieht sich auf sich selbst zurück, beschränkt seinen Wirkungskreis. Alle spirituellen Führer betonen, daß auf einer bestimmten Bewußtseinsebene Überfluß herrscht. Das biblische Wunder der Brotvermehrung am See Genezareth beschreibt dies sehr anschaulich. Wenn man mit aufrichtigem Herzen handelt, sind immer genug Brot und Fische für alle da, und es bleibt sogar noch etwas übrig.

Dieses Vertrauen in die unendliche Fülle des Universums hat mich besonders bei indianischen Schwitzhüttenzeremonien fasziniert. Die Indianer sind immer sicher, alle benötigten Zutaten für ihre Zeremonien zu finden, mag die Umgebung zunächst auch noch so unwirtlich erscheinen. Ist die Hütte auch noch so klein, es haben immer alle Platz. Gibt es wenig Holz für die Feuerstelle, wird ihre Glut doch bis zum Ende der Zeremonie reichen. Mit genau der selben Zuversicht machen sich die australischen Aboriginies ohne Gepäck und Proviant auf den Weg durch die Wüste. Dieses Vertrauen in die unermeßliche Fülle nimmt den Menschen die Angst, zu wenig abzubekommen vom großen

Kuchen. Alle werden satt, und es bleibt sogar noch etwas übrig. Wie viele Menschen kennen Sie, die dieses großzügige Gefühl ausstrahlen? Wie viele Menschen kennen Sie, die ständig jammern, zu kurz gekommen zu sein, die die Welt nur von ihrer Mangelseite wahrnehmen? Zu welcher Gruppe möchten Sie gehören?

Ich gehöre zur ersten Gruppe und ich leide niemals Mangel. Ich brauche daher auch nicht mit anderen um Anteile zu kämpfen. Das heißt nicht, daß ich mich nicht wehre, wenn jemand versucht, mich zu übervorteilen. Dann sage ich schon meine Meinung. Wenn ich aber mit Leuten gemeinsam ein Projekt beginne, gehe ich immer davon aus, daß die anderen den Ertrag des Projektes schon gerecht mit mir teilen werden. Ich überlasse es oft den anderen zu entscheiden, welche Aufteilung der Gage sie fair finden. Ich handele aus der inneren Überzeugung, daß die Menschen dazu tendieren, gerecht zu teilen, wenn man ihnen das Gefühl gibt, daß man ihnen vertraut. Es ist sogar oft so, daß ich den Eindruck habe, daß sie nur darauf gewartet haben, daß jemand kommt, der an das Gute in ihnen glaubt, und daß sie es beweisen wollen. Fühle ich mich trotzdem ungerecht behandelt, bringe ich es offen zur Sprache. Es kommt zum Beispiel vor, daß andere meine Mehrarbeit bei einem Auftritt einfach nicht beachtet haben, daß ich zum Beispiel zum Kulturamt gefahren bin und den Auftritt besorgt habe. Dann stelle ich das klar und verlange auch einen Ausgleich. Es ist mir noch nie passiert, daß die Mitmusiker meine Zusatzarbeit nicht honoriert hätten, sie haben meinen Mehraufwand dann einfach übersehen, wofür sie sich in der Regel auch entschuldigen.

Wenn ich es also der Band überlasse, die Gage aufzuteilen, beobachte ich sehr genau, was passiert. In der Tat weicht die Einschätzung der anderen, wenn ich es ihnen überlasse, gerecht zu sein, nur geringfügig von dem ab, was ich für mich als gerecht empfunden hätte. Mit Leuten, die mich übers Ohr hauen wollen, breche ich den Kontakt ab. Wenn ich spüre, daß jemand meine Großzügigkeit als Einladung deutet, sich auf meine Kosten zu bereichern, meide ich ihn und mache mit ihm keine

Geschäfte mehr, trete zum Beispiel nicht mehr für ihn auf. Bei Auftritten verabrede ich zum Beispiel mit Veranstaltern manchmal eine Gage in Abhängigkeit von ihren Einnahmen. In der Regel runden sie nach oben hin auf.

Machen Sie einmal das Experiment, wenn das nächste Mal jemand fragt: »Und was bekommen Sie dafür?« Stellen Sie die Gegenfrage: »Was würden Sie fair finden?« Sie ernten im ersten Augenblick Erstaunen, aber die Mehrzahl der Menschen macht sich dann ernsthaft Gedanken, was sie als faire Bezahlung empfänden.

Diejenigen, die mit dem Wort »fair« überhaupt nichts anfangen können oder wollen oder die eine solche Diskussion albern oder unsachlich finden, sollten Sie meiden. Machen Sie mit solchen Leute keine Geschäfte, machen Sie mit solchen Leuten keine Projekte. Es wird nicht zu Ihrem Schaden sein. Sie werden genug faire Partner finden. Das Universum ist unermeßlich. Lassen Sie die anderen alleine.

Wichtig bei einem solchen Vorgehen ist aber, daß man selbst von sich weiß, was man wert ist, damit man den Ausnutzern entschlossen entgegentreten kann.

Man muß auch sich selbst gegenüber großzügig sein können. Wenn Sie von sich selbst glauben, daß Sie es nicht verdient haben, in einer Villa zu leben, wird die Antwort des Universums dementsprechend sein. Wenn Sie den Wirkungszusammenhang erkannt haben, werden Sie merken, daß man sehr viel Gedankendisziplin braucht, denn alle beschränkenden und nörglerischen Gedanken materialisieren sich in der Welt genauso leicht wie die fördernden und motivierenden Gedanken. Meiden Sie auf jeden Fall Menschen, die Ihren Vorhaben in erster Linie mit »Ja, aber« entgegentreten. Die Zögerlichkeit dieser Menschen kann leicht ansteckend wirken und Ihnen wertvolle Energie rauben. Üben Sie auf jeden Fall auch, Ihren Verstand unter Kontrolle zu bekommen. Unwillkürliche Gedanken sind in der Regel negativ. Jeder, der mit Meditation beginnt, kennt die Penetranz solcher unwillkürlichen Gedanken, die auftauchen, obwohl man sich nach Kräften bemüht, nichts zu denken. In der Regel haben die Gedanken nichts mit der realen Situation zu tun. Während man dasitzt und sich bemüht, nichts zu denken, schießt einem durch den Kopf: »Mensch, du wolltest noch Tomaten kaufen.« oder: »Du hast vergessen, den Videorekorder zu programmieren.« Konzentrieren Sie sich auf ein neues Projekt, nörgelt sofort der Verstand: »Wer wird sich schon dafür interessieren?« »Woher willst du das Geld nehmen?« »Was werden die Verwandten sagen?« Der Verstand ist konservativ. Er verabscheut Neuerungen, weil er nicht in die Zukunft blicken kann und ihm bei neuen Entwicklungen Daten fehlen. Deswegen versucht er zu bremsen, wo es geht. Man nennt ihn auch »die Schere im Kopf«. Ihr Wirkungskreis wird von ihm beschnitten, noch bevor es losgeht, wenn Sie ihm die Führung überlassen. Bei mir hat der Verstand nichts zu melden. Wichtige Entscheidungen trifft die Intuition. Der Verstand hilft bei der Umsetzung. Die Intuition hat die Fähigkeit, in die Zukunft zu blicken. Sie ist in der Lage, mögliche Wahrscheinlichkeiten aufzuspüren. Sie kennt auch Ihre genialen Möglichkeiten. Wer nicht daran glaubt, ist Ihr Verstand. Er möchte Ihnen gerne Grenzen setzen, Ihnen Ketten anlegen, Ihre Wandlungsfähigkeit beschränken. Die Unendlichkeit bedeutet aber absolute Freiheit. Das muß nicht auf Kosten anderer sein. Sie können unendlich reich, glücklich, erfolgreich usw. sein, ohne damit einem anderen Menschen zu schaden. Ich bin gerne mit Menschen zusammen, die an sich glauben. Ich freue mich, wenn ich jemanden erlebe, der sich selbst verwirklicht. Ich genieße die Ausstrahlung von Menschen, die frei sind. Ich liebe meine Freiheit und die Freiheit anderer. Das heißt nicht, daß ich keine Zugeständnisse mache, zum Beispiel für meine Kinder oder meinen Freund, aber ich lasse mich nicht erpressen. Was ich tue, tue ich aus freiem Willen, freiwillig.

Meine Freiwilligkeit zeigt sich auch in der Art, wie ich schenke. Wenn ich etwas verschenke oder eine Initiative oder einen Menschen unterstütze, erwarte ich von ihm keine Dankbarkeit oder Gegenleistung mir gegenüber. Mit dem Akt des Schenkens ist die Sache für mich erledigt. Was der andere mit seinem Geschenk macht, ist ihm überlassen, er oder sie darf es auch gerne weiterverschenken. Ich werde durch das Geschenk nicht ärmer, sondern reicher, denn ich bekomme meist viel mehr zurück als ich geschenkt habe, in der Regel nicht von dem oder der Beschenkten, sondern aus einer ganz anderen Ecke. Je mehr ich hergebe, weitergebe, verschenke, um so mehr bekomme ich zurück. Wenn Sie daher die Angst in sich verspüren, zu wenig Geld zur Verfügung zu haben, laden Sie jemanden zum Essen ein, verschenken Sie Blumen, bringen Sie ihr Geld zum Strömen, weiten Sie sich aus, anstatt sich aus Angst vor Geldmangel innerlich zu verkrampfen und einzuengen. In den letzten Jahren habe ich mich schon von mehreren regelmäßigen Einnahmequellen verabschiedet, teils freiwillig, teils unfreiwillig. Jedesmal schaltete sich kurz mein Verstand ein und rechnete mir vor, welchen Mangel dieser Verlust hervorrufen könnte. Jedesmal spürte ich das Gefühl von Enge in der Brust und jedesmal reagierte ich darauf mit Weite. Ich lud Freunde ein, ich verschenkte Geld, ich kaufte mir ein Musikinstrument und brachte so wieder Größe ins Spiel. Jedesmal hatte ich nach einiger Zeit mehr Geld als vorher zur Verfügung. Während ich dieses Buch schreibe, tue ich dasselbe. Weil das Buchschreiben relativ viel Zeit in Anspruch nimmt, komme ich nicht dazu, mich so intensiv wie sonst um Auftrittsmöglichkeiten zu kümmern, also müßte ich in naher Zukunft weniger verdienen, also müßte ich jetzt sparen. Das Gegenteil ist der Fall. Seit ich das Buch schreibe, werde ich immer großzügiger.

Der griechische Philosoph Seneca hat dafür den Begriff »Lebensvertrauen« geprägt. Seine Maxime lautet: »Habe Vertrauen zum Leben – und es trägt dich lichtwärts. Vertraue auf dein Glück – und du ziehst es herbei. Und vergiß nicht, selbst im Unglück dir den Blick nicht trüben zu lassen für das, was wirklich ist. Wirklich ist der Geist des Lebens, der unendliche Geist des Guten, der nicht dein Wehe, sondern dein Wohl will.« (Seneca. S. 67)

Wenn Sie Großzügigkeit in Ihr Leben Einzug halten lassen wollen, müssen Sie sich Ihrer eigenen Unendlichkeit bewußt werden. In meinen Kursen mache ich dazu eine schöne Körperübung aus dem Qigong. Sie heißt »der Pfau«. Man steht am Ende im Ausfallschritt mit weit geöffneten Armen im Raum, und der Blick geht durch alle Mauern hindurch in die Unendlichkeit. Dazu denkt oder spricht man den Satz: »Die Zehntausend Dinge des Universums stehen dir zur Verfügung.« Im Chinesischen steht die Zahl Zehntausend als Symbol für die Unendlichkeit. Wenn ein chinesischer Kampfkunstmeister einem sagt, daß man eine spezielle Technik zehntausend Mal üben muß, meint er damit nicht eine genaue Anzahl, sondern eben, daß man die Technik unendlich oft üben muß. Die Zehntausend Dinge des Universum stehen hier als Symbol für die Unendlichkeit, die einem zur Verfügung steht. Stellen Sie es sich vor, wie Ihr Leben sich ändern würde, wenn Sie daran glauben würden, daß Sie ein Recht darauf haben, das ganze Universum für sich zu nutzen, ohne Einschränkung, ohne Grenze. Machen Sie sich frei von sämtlichen gesellschaftlichen Konventionen, die Sie scheu und klein machen wollen. Verzichten Sie dem Universum gegenüber auf vornehme Zurückhaltung.

Schaffen Sie dem Geld Raum, damit es in Ihr Leben einströmen kann, empfangen Sie es mit geöffneten Armen, und Sie werden Ihr Blaues Wunder erleben – wie in dem Märchen DIE STERNTALER (siehe S. 122 im Anhang).

10. Ich glaube nicht an Konkurrenz

... Aber weh! Es wandelt in Nacht, es wohnt wie im Orkus,
Ohne Göttliches unser Geschlecht. Ans eigene Treiben
Sind sie geschmiedet allein, und sich in der tosenden Werkstatt
Höret jeglicher nur, und viel arbeiten die Wilden
Mit gewaltigem Arm, rastlos, doch immer und immer
Unfruchtbar, wie die Furien, bleibt die Mühe der Armen ...
Hölderlin, aus »Der Archipelagus«

Ein wichtiger Stützpfeiler unseres Wirtschaftssystems ist der Glaube an Konkurrenz. Ich teile ihn nicht und lebe damit bestens. Ich bin freiberufliche Musikerin, arbeite freiberuflich im Bereich Musiktherapie, habe nirgendwo eine feste Stelle und bin ausschließlich auf Honorarbasis tätig. Nach allgemeiner Überzeugung müßte ich also mit meinem Wissen um den Musikmarkt geizen, damit nicht andere mir die Jobs wegschnappen. Genau das Gegenteil ist bei mir der Fall. Ruft z. B. ein Veranstalter an, der meine Gruppe »ene mene mix« für ein Kinderfest engagieren will, und wir sind an dem Tag nicht mehr frei, empfehle ich andere Musiker, die auch Kindermusik machen. Im Bereich Musiktherapie züchte ich mir nach gängiger Vorstellung meine Konkurrenz sogar selbst. Weil die Patienten in der Psychiatrie immer so enttäuscht sind, wenn die Musiktherapie ausfällt, suche ich mir immer eine Vertretung. In der Regel sind es Studenten von der Katholischen Hochschule für Soziale Arbeit, wo ich Musikpädagogik unterrichte. Ich zeige den Studenten alles, was ich weiß, kläre sie über mögliche Schwierigkeiten auf und bestärke sie, ihren eigenen Stil im Umgang mit den Patienten zu finden und daß sie es bestimmt gut machen werden. Tatsächlich sind die Patienten von manchen Sachen, die meine Vertretungen mit ihnen machen, wirklich begeistert. Das freut mich dann, weil ich denke, gute Dinge sollen sich verbreiten. Ich habe keine Angst, daß meine Vertretungen mir eines

Tages meinen Job wegnehmen. Ich gebe mein Wissen großzügig weiter, damit es möglichst viel Verbreitung findet. Deswegen versehe ich mein Wissen auch nicht mit Zugangs- oder Verteilungsbeschränkungen. In meinen Workshops müssen die Teilnehmer nicht unterschreiben, daß sie meine Art der Musiktherapie nur nach meiner Autorisation (gegen Entgelt) anwenden dürfen. Ich lasse mir auch nicht Teile meines Wissens patentieren. Ich gebe her und gebe weiter, und trotzdem wird die Zahl meiner Engagements nicht weniger, sondern immer mehr, so daß ich gar nicht genug freie Wochenenden habe, um alle zufriedenzustellen. Meine eigene Großzügigkeit kommt wieder zu mir zurück. Nicht unbedingt von genau den Leuten, denen ich mich großzügig erwiesen habe, sondern oft von anderer Stelle, aber dann mit »Zinsen«. Ich bekomme sogar mehr zurück, als ich gegeben habe. So werde ich immer reicher. Das meine ich nicht unbedingt geldmäßig, obwohl sich das natürlich auch auf mein Konto auswirkt. Nein, ich meine damit mein Lebensgefühl. Ich komme mir immer reicher vor. Ich habe immer mehr Überfluß, von dem ich abgeben kann. Wenn Sie Überfluß in Ihr Leben Einzug halten lassen wollen, können Sie sofort damit beginnen. Statt Informationen im Betrieb zurückzuhalten, aus Angst, Ihr Kollege oder Ihre Kollegin könnten sie zu ihrem Vorteil verwenden und Sie dann eines Tages übervorteilen, können Sie die Informationen, von denen Sie überzeugt sind, daß sie wichtig sind, einfach verschenken, damit andere auch etwas davon haben. Schauen Sie mal, was passiert, wenn Sie es über einen längeren Zeitraum so treiben. Sie werden sich wundern! Wenn andere eine gute Idee oder Erfolg haben, freuen Sie sich mit ihnen. Auch dadurch können Sie Großzügigkeit zeigen. Großzügigkeit gibt einem selbst das Gefühl von Weite, Konkurrenzgedanken richten sich gegen einen selbst, engen ein und kosten Energie.

Es scheint ein Paradox zu sein, mehr zu haben, je mehr man gibt. Die Wirkungsweise ist leicht erklärt. Wenn ich mich großzügig verhalte, erweitere ich meinen Wirkungsradius, weil ich mich öffne, statt mich zu verschließen. Je größer mein Wirkungsradius ist, um so mehr Gelegenheit zum Wirken bietet sich mir. Ich nehme mehr Chancen wahr, bin flexibler und habe größeren Handlungsspielraum. Als Mensch strahle ich das Gefühl von Freiheit aus, deswegen arbeiten andere Menschen dann gerne mit mir zusammen. Sie fühlen sich in meiner Gegenwart leicht. Wenn ich nicht an Konkurrenz glaube, haben andere Menschen gerne mit mir zu tun, und das bewirkt Erfolg. Dieser Erfolg geht aber nicht zu Lasten anderer Menschen, sondern macht allen Beteiligten nur Freude. Niemand wurde für meinen Erfolg geopfert, und ich kann ihn ohne schlechtes Gewissen genießen.

Wie anders ist dagegen das, was die Mehrheit der Menschen zur Zeit in unserem Wirtschaftssystem so umtreibt: Sie benehmen sich wie Feinde in einem Krieg mit unsichtbaren Waffen. Ganze Geschäftszweige leben davon, daß die Menschen Angst vor der Konkurrenz haben.

Uns wird vorgegaukelt, unsere Gesellschaft hätte es nur so weit gebracht, weil durch den Druck der Konkurrenz immer größere Anstrengungen provoziert werden.

Schade, daß Sigmund Freud nicht mehr lebt. Ich hätte ihn gerne mal in einen meiner Musikworkshops mit Musikinstrumenten aus der ganzen Welt eingeladen, um ihm zu zeigen, daß sogar er selbst in seinem Innern ein äußerst harmonisches Wesen ist. Aus meiner jahrelangen Arbeit mit unterschiedlichsten Menschen im Bereich Musik kann ich voller Überzeugung sagen, daß alle Menschen nach Harmonie streben. Wenn sie keine Angst voreinander haben, bemühen sie sich immer, Einklang zu finden. Auch dafür gibt es eine einfache Erklärung: Das ganze Universum besteht aus Schwingungen, selbst die für uns so stabile Materie besteht aus Atomen, die schwingen. Nun weiß jeder, der schon einmal musiziert hat, daß jede Dissonanz den Drang hat, sich in der Konsonanz aufzulösen, das heißt, sich auf eine andere Schwingung einzuschwingen. Das ganze Universum sucht den Einklang, die Harmonie. Wir Menschen sind da keine Ausnahme. Deswegen fühlen wir uns unter Konkurrenz so unwohl und blühen in einer harmonischen Umgebung auf. Seit der Zeit des Pythagoras zieht sich der Begriff »Harmonie der Sphären« als Symbol einer kosmischen Weltordnung durch die Geschichte. Diese sogenannten harmonikalen Gegebenheiten aus den Geheimschulen des Pythagoras wurden in der Renaissancezeit durch die Humanisten wiederentdeckt, unter anderem von dem Jesuitenpater Athanasius Kircher (vgl. Peter Michael Hamel, S. 108) Von ihm stammt auch die symbolische Darstellung der Weltenorgel (siehe Abbildung S. 125).

Der Musikforscher Fritz Steger erklärt sie folgendermaßen:

> »Kircher vergleicht die Weltschöpfung mit einer Orgelmusik. Sechs Gruppen von Pfeifen, angeordnet in der heiligen Siebenzahl, versinnbildlichen die sechs Schöpfungstage ... Der sechste Tag zeigt die Menschen am Apfelbaum in Gesellschaft des mysteriösen Einhorns, mittelalterliches Symbol der Jungfräulichkeit. Alle Register der Orgel sind gezogen zum Zeichen, daß die Schöpfung vollendet ist. Und unterhalb der Tastatur findet sich eine winzige lateinische Inschrift: »sic lucit in orbe terrarum aeterna die sapientia« – »so spielt auf dem Erdenkreis Gottes ewige Weisheit.«

Schon der berühmte Astronom Johannes Kepler (1571 - 1630) konnte wissenschaftlich beweisen, daß es musikalische Gesetzmäßigkeiten im Verlauf der Planetenbahnen gibt. Musikalische Prinzipien wirken überall im Kosmos. Das ganze Universum stellt sich auf den Einklang ein und damit auch der Mensch.

In meinen Musikworkshops improvisieren Menschen, die noch nie miteinander musiziert haben, auf Instrumenten aus der ganzen Welt. Ich mache einige Vorübungen, schaffe eine Atmosphäre des gegenseitigen Vertrauens, erkläre die Instrumente, und dann geht es los. In der Regel sind die meisten keine Musiker, und dennoch spielen wir gemeinsam wunderschöne harmonische Musik. Die Menschen sind von ihrer eigenen Kreativität begeistert und gleichzeitig gerührt, daß etwas so Schönes zwischen fremden Menschen möglich ist. Selbst in der Psychiatrie, wo ich gemischte Gruppen mit unterschiedlichen Krankheitsbildern habe, von Suchtkranken bis Psychotikern, stellt sich beim gemeinsamen Improvisieren immer ein harmonisches Ganzes ein. Das wäre nicht möglich, wenn das Konkurrenzdenken uns angeboren wäre. Nein, es wird uns anerzogen. Schon die Kindergartenkinder spielen bei uns Spiele, bei denen es darum geht, der Erste, der Schnellste, der Beste zu sein. In diesen Spielen gibt es immer Sieger und Verlierer. Irgendwann erscheint uns das normal. Ist es aber nicht. Wir können auch miteinander spielen, ohne daß es Verlierer gibt. Bei den australischen Aboriginies werden ausschließlich Spiele gespielt, die den Gemeinsinn stärken. Es gibt keine Sieger und keine Verlierer, es zählt nur der gemeinsame Spaß. Nichts spricht gegen das Kräftemessen in einem fairen Wettbewerb. Das kann bewirken, daß sich alle gemeinsam mehr anstrengen. Doch sobald der Kampfaspekt derart überwiegt, daß der Gegner ausgemerzt werden soll, daß angestrebt wird, den Konkurrenten zu vernichten und sich sein Gebiet oder seinen Marktanteil einzuverleiben, führt dies zu einer unglaublichen Energieverschwendung und schafft darüber hinaus auch noch eine unangenehme Atmosphäre.

Mein Vater erzählte mir immer aus der Zeit nach dem zweiten Weltkrieg, als er sein Autogeschäft aufbaute, daß es damals noch den Begriff des Geschäftsfreundes gab. Das war nicht unbedingt jemand, von dem man sich einen Vorteil erhoffte, sondern konnte genauso ein anderer Autohändler sein, mit dem man sich ab und zu traf, sich mit Informationen und Ersatzteilen aushalf. Man lebte in friedlicher Koexistenz und gönnte dem anderen seine Geschäfte. Dieses entspannte Miteinander ist heute völlig verschwunden, denn uns allen ist jahrzehntelang eingebleut worden: »Konkurrenz belebt das Geschäft«, so lange, bis wir alle daran glaubten. Auch ich habe während meines Volkswirtschafts-Studiums diesen Satz in der einen oder anderen Abwandlung immer wieder gehört und auch ich habe ihn über viele Jahre nicht in Frage gestellt. Ich erlaube mir aber jetzt an dieser Stelle zu sagen: Dieser Satz ist falsch, sogar grundfalsch, denn wenn er eines dem »Geschäftemachen«

auf jeden Fall nimmt, dann ist es die Lebendigkeit, die Individualität, das Miteinander-Auskommen. Dieser Satz hat aus dem Austausch von Waren einen Kampf gemacht, der im Laufe der Jahre immer erbitterter wurde und dem einzelnen kaum noch Luft zum Atmen läßt, ja sogar Menschenleben kostet. Konkurrenzdenken führt z. B. auch dazu, daß Medikamente patentiert werden. Das Komitee »Ärzte ohne Grenzen« fordert schon seit Jahren, diesen Patentschutz wenigstens für ärmere Länder der sogenannten Dritten Welt aufzuheben. Diese Länder können sich teuere Medikamente nicht leisten; billigere Medikamente mit den gleichen Wirkstoffen zu verkaufen, ist durch den Patentschutz nicht möglich, d. h. das Konkurrenzdenken kostet dort buchstäblich Menschenleben. Entspricht das dem Eid des Hippokrates?

Wir Menschen sind nicht dazu geschaffen, uns im gegenseitigen Kampf aufzureiben. Dazu sind wir nicht auf der Welt. Wir können harmonisch miteinander leben, wenn wir wollen. Natürlich gibt es immer Menschen, mit denen uns das nicht gelingt. Solche Menschen können wir ja meiden, statt im Kampf gegen sie Energie zu verschwenden. Unsere Energie können wir für konstruktivere und gewinnbringendere Verhaltensweisen einsetzen.

Wenn wir wollen, können wir uns gemütlich im Kinosessel zurücklehnen und voller Freude den Film genießen.

11. Geld und Spiritualität

> »Man kann einen guten Medizinmann an seinen Handlungen und an seiner Lebensweise erkennen. Ist er mager? Lebt er in einer armseligen Hütte? Läßt Geld ihn kalt?«
>
> Lame Deer, »Seeker of Visions«

Meiner Beobachtung nach zerfällt unsere Gesellschaft zur Zeit in zwei Hälften: in eine offizielle Seite, in der Spiritualität, Magie und Mystik nichts zu suchen haben, und eine nicht-öffentliche, in der der Hunger nach dieser anderen Bewußtseinsebene ständig wächst.

Dieser Gegensatz fiel mir besonders auf, als ich für dieses Buch recherchierte und deshalb eine große Buchhandlung betrat. Zu meinem Erstaunen war die ehemalige Wirtschaftsecke fast eine eigene Abteilung mit zahlreichen Regalen und vier großen Büchertischen zum Thema »Börse«, »Wie werde ich reich«, »In sieben Jahren zum Millionär«, »Reich mit dem Internet«, »Börse für Einsteiger« usw. lauteten die Titel.

Da hat sich ja einiges getan, dachte ich im Hinuntergehen und sah dann »zufällig« einen riesigen Büchertisch, der es ohne weiteres mit der Wirtschaftsecke aufnehmen konnte. Es waren die vier Harry-Potter-Bände nebst Zubehör wie Besen, Hüten und Zauberstäben.

Längst verschlingen nicht nur Kinder diese Bücher, sondern auch viele Erwachsene sind treue Fans. Das Buch »Der Herr der Ringe« erlebt wieder eine Auflagensteigerung und die Kinoverfilmung war ein Kassenschlager. Millionen Menschen warten auf die nächste Folge. Die Nachfrage nach Esoterik, Spiritualität und Mystik wächst. Längst ist es keine Modeerscheinung mehr. Nein, hier zeigt sich das tatsächliche dringende Bedürfnis der Menschen, der kalten Wirtschaftswelt etwas entgegenzusetzen, in ihr Leben wieder einen Sinn einziehen zu lassen. Die jetzt lebenden Menschen sind selbstbewußt wie nie zuvor. Sie wollen sich ihre eigenen magischen Fähigkeiten nicht mehr ausreden lassen. Sie wollen sich nicht vor hierarchischen Religionen beugen, die ihnen ihre Eigenmächtigkeit rauben wollen. Deswegen belegen sie Kurse in Selbstfindung, Feuerlaufen oder indianischen Schwitzhüttenzeremonien. Eine große Zahl von Menschen ist auf der Suche, und längst ist es kein kleiner exklusiver Zirkel mehr. Selbst konventionelle Reiseunternehmer bieten mittlerweile Reisen zu »magischen Kraftorten« an. Esoterische Verlage und Zeitschriften erhöhen ständig ihre Auflagen. Seminarhäuser und alternative Gesundheitszentren schießen wie Pilze aus dem Boden. – Das ist die eine Seite.

Dem steht gegenüber, daß innerhalb der Betriebe, Institutionen, Krankenhäuser, Schulen, Parteien, Behörden und Verbände Spiritualität und Magie überhaupt keine Beachtung finden. Im Gegenteil: Mag es früher in manchen Krankenhäusern oder Schulungseinrichtungen noch einen christlichen Einfluß gegeben haben, hat sich selbst dieser mittlerweile weitgehend verflüchtigt. Übrig geblieben ist eine absolute Dominanz des Geldes. Alles wird nach Effizienz-Gesichtspunkten ausgerichtet. Jedes wirtschaftliche oder politische Handeln muß sich in erster Linie rechnen. Es ist egal, wen man befragt: Geschäftsführer von Krankenhäusern, Betrieben oder Gewerkschaften, die höchste Priorität in der Unternehmensphilosophie hat zur Zeit immer die Effizienz. Selbst in der Psychiatrie steht nicht die seelische Gesundung des Menschen an erster Stelle, sondern dessen »Existenzsicherung«, d. h. die Menschen werden wieder für den Arbeitsmarkt fitgemacht – und ab ins nächste Hamsterrad. Eine Form von spiritueller Seelenheilkunde, die den Menschen bei der Suche nach dem Sinn ihres Lebens hilft und ihnen wieder Hoffnung und Glaube an Ideale vermittelt, findet in der offiziellen Psychiatrie nicht statt. Ganz zu schweigen davon, den Menschen den Glauben an ihre eigene Göttlichkeit zu vermitteln und ihre Eigenmächtigkeit zu stärken oder gar ihre eigenen magischen Fähigkeiten bewußt zu fördern. Also machen sich die Menschen selbst auf die Suche. Ein leichtes Futter für windige Geschäftemacher. Wem kann man trauen? Wo ist die Grenze zwischen spirituellem Helfer und geschäftstüchtigem Ausbeuter?

Das ist ein heikles Thema. Ich will mich diesem nähern, indem ich ausgrenze. Ich bin sicher, daß man kein spiritueller Mensch sein kann, wenn man geldgierig ist. Ein spiritueller Mensch richtet im Idealfall seine Aufmerksamkeit bei allem, was er oder sie tut, auf ein höheres Prinzip. Dieses Prinzip ist dem eigenen Ego übergeordnet oder zumindest gleichwertig. Ein geldgieriger Mensch stellt die persönliche Bedürfnisbefriedigung über alles. Wie bei allen süchtigen Menschen verdrängt er die Auswirkungen seiner Sucht auf die Umwelt. Auf ein höheres Prinzip nimmt ein süchtiger Mensch keine Rücksicht.

Nun ist die Frage zu klären, wann man sich nur des Geldes bedient und ab wann einen das Geld so einnimmt, daß man von seinem Streben nach Spiritualität abgelenkt wird. Eine große Herausforderung dabei ist die Ego-Falle. Wenn man beginnt, spirituelle Erfahrungen zu sammeln, kann es leicht passieren, daß man von den eigenen Fortschritten so begeistert ist, daß man sich seiner Umwelt überlegen fühlt. Das Ego verlangt dann, daß diesem Umstand auch in der materiellen Welt Ausdruck verliehen wird. Ich glaube, deswegen können es die meisten spirituellen Führer nicht unterlassen, sich auch materiell von der Masse ihrer Anhänger abzuheben. Dies ist eine echte Versuchung. Mein Freund, der tibetische Lama, hat mir erzählt, daß in den Anfängen die Führer des tibetischen Buddhismus ihre spirituellen Fähigkeiten auch für magische Zwecke einsetzten. Es sei ihnen wichtig gewesen, Macht über die Menschen zu gewinnen und auch materielle Vorteile zu erlangen. Im modernen Buddhismus sei das Ziel der Suchenden ausschließlich die Erleuchtung. Die Welt werde nur als Illusion gesehen, die einen nur vom Weg ablenken könne, und auch das magische Einflußnehmen auf die Welt sei nur eine verblendende Spielerei, die einen von der Wirklichkeit ablenke.

Ich selbst sehe das nicht so streng. Ich glaube, wir sind auf dieser Welt, um unserer Schöpfungskraft Ausdruck zu verleihen, um die »Zehntausend Dinge des Universums« in unserem Sinne zu nutzen. Nur der Zugang zu unseren eigenen magischen Fähigkeiten gibt uns diese Kraft. Allerdings sehe ich auch die Gefahr, daß wir uns zu stark auf das Wirken in der dreidimensionalen Realitätsebene konzentrieren und dadurch – zumindest zeitweise – den Bezug zu unserem inneren Selbst verlieren.

Daß Reichtum, das heißt, die Verlockung der materiellen Welt, den Suchenden vom Weg der Spiritualität ablenken kann, scheint mir außer Frage. Viele Glaubensrichtungen weisen darauf hin. In der Bibel heißt es zum Beispiel: »Eher geht ein Kamel durch ein Nadelöhr, als daß ein Reicher ins Paradies eingeht«. Franz von Assisi sagt: »Ich habe die heilige Armut zu meiner Herzensdame erkoren, sie steht mir höher als alle Genüsse des geistigen und äußeren Lebens.« Er steht mit dieser Aussage großen Zen-Meistern sehr nahe, die sich bei ihrer spirituellen Suche nur auf das Nichts konzentrieren und üben, sich durch nichts anderes, auch nicht durch Visionen oder magische Erfahrungen, von ihrem Weg ablenken zu lassen. Einem Zen-Meister wäre es ein Leichtes, durch seine energetischen Fähigkeiten, Einfluß auf die Menschen seiner Umgebung zu nehmen, aber Ziel seiner meditativen Versenkung ist ausschließlich der Schlüssel zum eigenen inneren Selbst, über den sich dann das Verständnis der Welt und des Wirkens hinter den Dingen erschließt.

Auch die Hexen, wie sie in unseren Überlieferungen geschildert werden, legten keinen Wert auf Reichtum. Sie lebten in armseligen Hütten und trugen abgetragene Kleidung. Als Gegenleistung für ihre Dienste verlangten sie in der Regel von den Menschen kein Geld, sondern Fähigkeiten oder Eigenschaften wie etwa deren schöne Stimme oder schönes Haar: Die Menschen müssen den Hexen im Austausch für das Ritual etwas geben, mit dem sie sich selbst identifizieren. Ich bin mir sicher, daß die Hexen diese Eigenschaften nicht für sich wünschten, um sie sich selbst anzueignen. Sie waren schließlich Hexen und konnten mit ihren Hexenkünsten ohnehin in verschiedene Erscheinungsformen schlüpfen. Ich glaube eher, daß die Hexen mit dieser Form der »Bezahlung« sicherstellten, daß sich der energetische Kreislauf wieder schließt.

Wenn ich für Menschen ein Ritual ausführe, verlange ich in der Regel kein Geld, sondern sage ihnen, sie sollen sich selbst überlegen, wie sie sich für die Gnade des Universums dankbar erweisen können. Der Dank muß nicht mir gegenüber Ausdruck finden. Ich werde sowieso für das, was ich gebe, wieder reichlich beschenkt. Aber meiner Erfahrung nach ist es für die Menschen wichtig, daß sie selbst den Energiekreis wieder schließen. Wenn ich sie bezahlen lasse, besteht die Gefahr, daß sie nicht Dank geben, sondern Geld, und daß für sie mit dem Akt der Geldübergabe die Sache erledigt ist. Aus diesem Grund verlangen manche Menschen, die energetisch arbeiten, für ihre Arbeit oft sehr hohe Geldbeträge, damit es den Menschen »wehtut«, wenn sie bezahlen und sie sich der Tragweite der energetischen Arbeit bewußt werden. Ich aber finde es wahrhaftiger, den Umweg über das Geld gleich zu lassen und die Menschen anzuregen, mit Energie zurückzuzahlen, was sie auf energetischem Weg erhalten haben. In jedem Ritual steckt potentiell die Möglichkeit, sich als Mensch weiterzuentwickeln. Wenn das Ritual allerdings zur Hülle verkommt, wird diese Möglichkeit vertan. Ein gutes Ritual läßt den Menschen wachsen. Ein sinnentleertes Ritual ist ihm keine Hilfe, wie zum Beispiel manche christlichen Beerdigungsrituale, die die Menschen nur noch trauriger machen, sie aber nicht mehr an ihre eigene göttliche Dimension erinnern.

Geld hat die Fähigkeit, allem, mit dem es in Berührung kommt, die Seele zu entziehen. Das liegt an seiner gleichmachenden Funktion als Tauschmittel. Mit Geld kann man von Hühnersuppe, über Beerdigungsrituale bis zum Kunstwerk alles kaufen und auch gleichzeitig nichts, denn das Wesen der Dinge, ihre Wirkkraft ist nicht veräußerbar. Ich kann mir energetische Kräfte nicht kaufen. Sie sind immer ein Geschenk, und nur ein Gegengeschenk an das Universum oder einen anderen Menschen oder die Natur ist eine angemessene Antwort darauf. Deswegen ist es auch nicht gut, wenn spirituelle Heiler für ihre Tätigkeit Geld verlangen. Denn sie nehmen damit den Menschen die Möglichkeit, durch die Krankheit spirituell zu wachsen. Jede Krankheit ist eine Botschaft. Wenn der Heiler den Menschen einfach davon »befreit« und als Gegenleistung Geld nimmt, wird die Möglichkeit vertan, daß der

Mensch sich selbst überlegt, was er oder sie tun kann, um sich dem Universum für die Hilfe erkenntlich zu zeigen und dadurch spirituell zu wachsen. Natürlich braucht der Heiler eine Aufwandsentschädigung. Die Miete und Nebenkosten für den Raum, in dem die Heilung stattfindet, müssen abgegolten werden. Der Heiler muß angemessen leben können, um seiner Heilertätigkeit nachgehen zu können, aber er darf sich an der Heilung nicht bereichern, und derjenige, der die Heilung in Anspruch nimmt, darf nicht das Gefühl haben, daß er mit seinem Geld den eigentlichen rituellen Akt bezahlt hat. Der ist unbezahlbar.

In keinem Volk mit schamanischer Tradition, das ich kenne, werden die Schamanen und Schamaninnen reich.

Wenn Sie selbst energetische Hilfe in Anspruch nehmen, können Sie darauf achten, welches Verhältnis die heilende oder spirituell lehrende Person zu Geld hat. Haben Sie das Gefühl, daß die Spiritualität als Geldquelle genutzt wird, dann lassen Sie lieber die Finger davon. Sie werden auch noch anderen spirituellen Menschen begegnen. Haben Sie einfach etwas Geduld. Vielleicht sind Sie selbst auch noch sehr auf Geld fixiert und ziehen deshalb Menschen mit gleicher Neigung an. Wenn Sie sich auf die Suche nach wirklicher spiritueller Hilfe machen, werden Sie ihr eines Tages begegnen. Es wird Sie nicht teuer zu stehen kommen. Versprochen.

II.
MAGISCHE ÜBUNGSVORSCHLÄGE

Vorbemerkungen

In diesem Teil des Buches werde ich vom distanzierten »Sie« zum persönlichen »Du« wechseln. Das mache ich in meinen Workshops in der Regel auch so. Ich begegne dir hier auf einer ganz persönlichen Ebene. Wir werden Erlebnisse austauschen, die uns ganz besonders berühren. Trotzdem wird deine Integrität immer gewahrt bleiben. Für mich ist jeder Mensch ein eigenes Universum mit ganz eigenen komplexen Spielregeln. Ich versuche daher, Formulierungen wie »du mußt« oder »du sollst« zu vermeiden. Benutze ich sie dennoch, sind sie eher wie die Anweisungen in einem Kochbuch gedacht – also kein Zwang.

Alle Übungen, die ich dir zeigen werde, sind Vorschläge, auf die du zugreifen kannst, wenn du willst, aber wenn dir eine Übung nicht behagt, kannst du sie auch weglassen, und es steht dir auch frei, Übungen nach deinem Empfinden abzuändern. Es sind Vorschläge, keine Vorschriften. Ich würde mich sogar freuen, wenn du am Ende dein eigenes funktionierendes System daraus entwickelst.

So, nun betreten wir gemeinsam meinen Übungsraum. Stell dir einen hellen, freundlichen Raum vor, mit einem sehr großen Fenster, das vom Boden bis zur Decke reicht. Der Raum ist nicht sehr hoch, deshalb wirkt er gemütlich, obwohl sich in ihm kein einziges Möbelstück befindet. Der Boden besteht aus poliertem Holz. Darauf legen wir gelegentlich Matten.

In einer Ecke wächst in einem sehr großen Topf Papyrusgras. An einer Wand befinden sich zwei große Spiegelflächen, in denen du, wenn nötig, deine Haltung korrigieren kannst. Zwischen den beiden Spiegeln thront die Figur der Baumgöttin. Sie ist genauso tief in die Erde verwurzelt, wie sich ihre schlanken Arme in den Himmel recken. Sie hat in einer meditativen Haltung die Augen geschlossen, aber ihr Kinn sieht sehr energisch aus. Sie zieht sich nicht in die Meditation zurück, sondern sie wacht darüber, daß in diesem Raum niemals der Bezug zur Erde vergessen wird. Ich werde dich in diesem Teil des Buches in einige esoterische Höhen mitnehmen, aber die Baumgöttin will dich immer wieder daran erinnern, daß du dich momentan auf einer dreidimensionalen Realitätsebene befindest.

1. Mit Körper, Geist und Seele

Körper, Geist und Seele bilden eine untrennbare Einheit – auch bei der Arbeit mit Energien. Nun fällt es Menschen aus unserem Kulturkreis in der Regel schwer, den Körper als Lebensberater genauso zu akzeptieren wie den Geist. Dabei ist der Körper das Raumschiff, das uns durch diese Realitätsebene schaukelt. Unser Körper ist sehr intelligent und kennt sich mit der Lebensweise im dreidimensionalen Raum bestens aus. Wir können ihm also vertrauen. Bei der Arbeit mit Energien ist er für mich ein wichtiger Ratgeber. Nur mit Hilfe meines Körpers kann ich spüren, welche Handlungsweise oder Gedankenform zu einem bestimmten Zeitpunkt passend ist oder nicht. Wenn sich die Intuition meldet, lenkt mich ein zartes Gefühl von etwas Leichtem, Angenehmen, und in diese Richtung bewege ich mich.

Wenn du Energien lenken willst, ist es hilfreich, eine Meditationsmethode zu beherrschen, denn beim »Hexen« ist es ungemein wichtig, Körper, Geist und Seele auf ein Ziel zu bündeln. Wenn dein Geist oder Verstand »Hü!« sagt und dein Herz »Hot!« und außerdem dein Vorhaben deiner Seele schaden würde, dann steht dein Vorhaben unter einem schlechten Stern. Mache dir zunächst klar, was du wirklich willst. Es sollte dir ein echtes Bedürfnis sein, nicht nur ein Wunsch, der dir beiläufig einfällt. Also ergründe deinen Wunsch. Damit geht es los. Wenn du dich nicht entscheiden kannst, schreibe alle Wünsche auf; das Universum ist unermeßlich. Denke aber daran, daß nur eine bestimmte Reichtumsmenge zum jetzigen Zeitpunkt zu dir paßt. Hier liegt der erste Stolperstein, der dich von den Füßen reißen und den Kontakt zur Mutter Erde verlieren lassen könnte. Dann schlafe mindestens eine Nacht über deine notierten Wünsche und betrachte sie mit zeitlichem Abstand noch einmal. Versuche, eine Hitliste aufzustellen. Verliere deine Wünsche nicht mehr aus den Augen und lasse dir vor allen Dingen nicht von jemand anderem hineinreden. Nur du selbst kannst Entscheidungen für dein Leben treffen.

2. Spüre die Erde – die Haltung der Magierin

Eine Magierin steht mit beiden Beinen fest auf der Erde. Ihre Haltung ist aufrecht. Es ist wichtig, daß deine Wirbelsäule aufrecht ist, denn durch sie fließt deine Lebensenergie.

Wir wollen unseren Wunsch materialisieren, dazu benötigen wir Kraft aus der Erde. Die Aufmerksamkeit liegt also auch unterhalb der Gürtellinie. Stell dich vor einen Spiegel aufrecht hin, die Schultern entspannt, die Kniekehlen leicht eingeknickt. Versuche, deine Hüften zu spüren, deine Knie, deine Füße, die Erde unter deinen Fußsohlen. Es ist wichtig, sich der unteren Körperhälfte genauso bewußt zu sein wie der oberen. Auch wenn das Arbeiten mit Energien Konzentration im Kopf erfordert, muß die Aufmerksamkeit trotzdem gleichzeitig nach oben und unten gerichtet werden. Wir streben nicht nur zum Höheren empor, sondern bleiben immer in der Erde verankert. Frage dich immer wieder: »Kann ich die Erde noch spüren?«

3. Bändige den Verstand

Mache einmal die Probe aufs Exempel: Setze dich ruhig hin, stelle einen Wecker neben dich und versuche, ganz bewußt auf das Ticken zu achten. Wahrscheinlich wirst du noch nicht einmal dreißig Sekunden in der Lage sein, das Ticken genau wahrzunehmen. Unwillkürliche Gedanken schießen dir durch den Kopf. Manche Meditationslehrer haben diese unwillkürlichen Gedanken mit einer Horde wilder Affen verglichen, die man unbedingt zähmen muß. Du wirst es bei deinem Test sofort merken: Du denkst irgendwelches Zeug, daß du gar nicht denken willst, an den Videorekorder, den du vergessen hast zu programmieren, an das Pfund Tomaten, das du noch kaufen wolltest, an das unangenehme Telefongespräch mit Onkel Herrman. Selten sind die unwillkürlichen Gedanken positiv, bei vielen Menschen sind sie sogar ausgesprochen destruktiv; etwa in dem Sinne: »Das schaffst du sowieso nicht!«, »Was sollen bloß die anderen denken?«, »Das ist für dich eine Nummer zu groß!« Solche Gedanken stehlen einem sehr viel Kraft. Das fällt einem aber erst auf, wenn man sich ihnen bewußt zuwendet.

Der Verstand sagt selten: »Du willst in deinem Leben etwas ändern? Prima, fangen wir an.« Bei den meisten Menschen funktioniert der Verstand als Nörgler und Warner, aber nicht als positiver Verstärker. Der Verstand kann nicht in die Zukunft blicken, und deshalb wehrt er sich gegen jede Veränderung. Der Verstand ist grundsätzlich konservativ. Er ist kein Abenteurer und baut auf Sicherheit. Deshalb pocht er auch auf finanzielle Absicherung, wenn du eigentlich Veränderung willst. Natürlich sollst du dich nicht Hals über Kopf in ein finanzielles Fiasko stürzen, aber die Mahnungen deines Verstandes dürfen dir auch nicht den Schwung nehmen, etwas Neues anzufangen.

In schamanischen Traditionen lernen die Schülerinnen und Schüler über Jahre hinweg, ihren Geist unter Kontrolle zu halten und sich von einem bestimmten Ziel oder einer Vision nicht durch unwillkürliche

Gedanken ablenken zu lassen. Bei manchen Trancereisen, etwa als fliegender Adler, kann das sonst zum Absturz führen. Bei der hier beschriebenen Form des magischen Transformierens von Gedankenprojektionen ist man zwar nicht absturzgefährdet, wenn man sich nicht konzentrieren kann, aber die Wirkkraft der Wünsche läßt nach.

Also führt meiner Ansicht nach kein Weg daran vorbei, daß du lernen mußt, deinen Verstand zu beherrschen. Am besten geht das, indem du zunächst übst, nichts zu denken. Such dir einen schönen Platz in deiner Wohnung, einen Zeitpunkt mit Ruhe und widme dich ganz dir selbst. Achte auf deine Atmung, sie sollte deine Bauchdecke und nicht deine Schultern in Bewegung versetzen, sitze aufrecht und konzentriere dich entweder auf die Geräusche, die du wahrnimmst, oder auf eine Blume oder Kerzenflamme oder sonst etwas Schönes. Probiere aus, wieviel Atemzüge du es schaffst, nichts zu denken. Versuche die Spanne jeden Tag zu verlängern. Wie sagen die Chinesen? »Auch zehntausend Meilen beginnen mit dem ersten Schritt.«

4. Immer locker bleiben

Der dir angemessene Reichtum sollte dich mit Leichtigkeit umgeben. Er sollte dir scheinbar von selbst zufließen. Magie sollte einem leicht von der Hand gehen – fast wie von selbst. So leicht, daß man sich manchmal wundert, wie scheinbar schwerelos sich alles günstig fügt. Wenn alles gut läuft, könnte man dann denken, daß man selbst nichts damit zu tun hatte. Deswegen ist es gut, sich ein kleines Wunderbuch anzulegen, in das man alle Wünsche und ihre Verwirklichung einträgt: damit man das System erkennt und damit man in energetisch schwachen Phasen nachlesen kann, daß es auch einmal bessere Zeiten gab.

Wenn du übst oder ein Ritual durchführst, spüre immer wieder nach, ob deine Schultern locker und entspannt sind und ob du noch mit dem Bauch atmest und noch die Erde unter deinen Füßen spürst. Wandert deine Aufmerksamkeit zu sehr nach oben in den Kopf, beginnt sich dein Oberkörper anzuspannen, so laß wieder locker und stell dir vor, ich würde neben dir stehen und dich beobachten. Ich würde dir immer wieder sagen: »Mach eine kleine Pause, du kannst nichts erzwingen!« Sobald du dich nicht mehr wohlfühlst oder spürst, daß es dich anstrengt, höre auf und fange nach einer Pause wieder an. Deine magischen Fähigkeiten sind wie eine Pflanze. Sie brauchen Zeit zum Wachsen, aber du kannst sie nicht mit Gewalt dazu zwingen. Damit machst du es dir nur unnötig schwer. Laß es locker angehen. Konzentriert, aber spielerisch. Wir sind nicht bei einer magischen Olympiade. Zeit, wie wir sie kennen, spielt in der Magie keine Rolle.

Wenn ich ein Ritual durchführe, fühle ich mich immer wohl, entspannt, konzentriert und in Harmonie mit mir selbst und dem Universum.

5. Die Parkplatz-Methode

Für mich ist das die ideale Methode, um seine magischen Fähigkeiten zu üben. Man hat oft Gelegenheit und kann sofort das Ergebnis sehen und notieren und so sehr viel über sich selbst lernen.

Die Aufgabe lautet: Finde immer einen Parkplatz, dort wo du es dir wünschst beziehungsweise in unmittelbarer Nähe des Zielortes.

Es ist ein bestimmter Zustand, in dem es dir gelingt, günstige Parkplätze anzuziehen. Du mußt konzentriert sein. Du wirst merken, sobald du abgelenkt bist und an etwas anderes denkst, geht die Sucherei los.

Du mußt fest daran glauben, daß du erfolgreich bist. Jeder leise Zweifel läßt dich fehlgehen. Auch dein gesamtes Energieniveau spielt eine Rolle. Bist du krank oder schlecht gelaunt, erzielst du schlechtere Ergebnisse und landest auf den schlechten Parkplätzen, weit entfernt von deinem Zielort.

Eine Freundin aus meinem regelmäßigen Hexenkurs betreut eine alte gehbehinderte Dame. Wenn sie sie mit dem Auto irgendwo hinfährt, sind natürlich Parkplätze direkt vor der Tür sehr wichtig. Meine Freundin findet immer einen, ob beim Friseur, bei irgendwelchen Ämtern oder beim Arzt. Mittlerweile fragt die alte Dame, wenn sie abgeholt wird: »Haben Sie auch daran gedacht, für uns einen Parkplatz zu wünschen?«

6. Eng und weit – das Universum ist unermeßlich

Um Erfolg beim Anziehen von Reichtum zu haben, ist es wichtig, dem Geld die Arme weit zu öffnen. Sobald du ihm hinterherläufst, hast du schon verloren. Stehe mit offenen Armen für den Empfang bereit. Auch dazu gibt es eine schöne Übung. Stell dich aufrecht vor einen großen Spiegel. Nun ziehe die Schultern nach vorne, so weit du kannst, wenn du willst kannst du auch noch die Arme vor der Brust kreuzen.

Spürst du das Gefühl der Enge? Genau dieses Gefühl begegnet dir jedes Mal, wenn du Geldsorgen hast oder gierig bist. Es legt sich wie ein Albdruck auf die Brust.

Nun stell dich wieder gerade hin und öffne die Arme so weit du kannst, schaue mit hoch erhobenem Kopf in die Unendlichkeit, drehe die Handflächen leicht nach oben und mache mit einem Bein einen leichten Ausfallschritt. Wie fühlst du dich jetzt? Vielleicht etwas angestrengt, aber sicherlich viel größer. Wenn du willst, kannst du dir jetzt noch vorstellen, daß du über deinen ausgebreiteten Armen ein riesiges Pfauenrad schlägst. Dieses Rad kann in allen Farben des Regenbogens schillern, wenn es dir Spaß macht. Der zugehörige Spruch lautet: »Die Zehntausend Dinge des Universums stehen dir zur Verfügung.«

Die unendliche Weite des Universums soll aber keine Einladung zur Verschwendung sein. Alles was uns anvertraut wurde, sollten wir mit Achtung behandeln.

Was mich bei indianischen Zeremonien besonders fasziniert, ist der sorgfältige Umgang mit den Utensilien, die für das Ritual gebraucht werden. Kein Tropfen Wasser wird verschwendet, kein Krümel Tabak achtlos auf den Boden gefegt. Genauso umsichtig gehen Zen-Mönche in ihren Meditationen vor. Jeder Ritualgegenstand bis zum kleinsten Räucherkegel findet besondere Beachtung.

Ebenso ist die Weite des Universums keine Einladung zur Gier. Das heißt für deine innere Einstellung dem Reichtum oder Geld gegenüber: Du wirst immer genug haben, aber immer auch etwas übrig lassen.

Das Prinzip, daß uns verlorengegangen ist, nennt man Nachhaltigkeit. Wir nehmen uns nicht nur so viel, wie wir brauchen, und lassen den Rest da. Nein, wir kümmern uns nicht darum, genug übrigzulassen, damit wieder Neues nachwachsen kann. Das Prinzip unserer Geldwirtschaft lautet: Jeder so viel er kann. Wer am meisten hat, hat gewonnen: Gier und Gefräßigkeit. Das Symbol ist das Vielfraß.

Ein gutes Beispiel für Nachhaltigkeit gibt der Indianer Juan Matus seinem Schüler Carlos Castaneda (Castaneda, »Reise nach Ixtlan«): »Unabhängig zu sein bedeutet, daß du die Erde um dich herum nur wenig berührst. Du ißt nicht fünf Wachteln; du ißt eine (auch wenn du zufällig fünf gefangen hast)... Du benutzt Leute nicht und preßt sie nicht aus, bis sie zu einem Nichts zusammengeschrumpft sind. Es bedeutet, daß man nicht hungrig und verzweifelt ist wie der Arme, der fühlt, daß er niemals wieder essen wird und soviel er kann verschlingt, fünf Wachteln!«

Ein Geschäftemacher würde zwei Wachteln essen und die drei übrigen verkaufen.

Natürlich könnte er den Erlös für »schlechte Zeiten« aufheben. Doch es ist eine gefährliche Gratwanderung zwischen angemessener Vorsorge und gierigem Horten. Auch hier gilt: Immer mehr heißt nicht unbedingt immer besser. Je mehr Vertrauen du in die Zukunft haben kannst, um so weniger brauchst du die Gegenwart auszubeuten. Spüre immer nach, ob du schon dabei bist, über das Ziel der Vorsorge hinauszuschießen. Die Verlockung eines prall gefüllten Bankkontos ist groß, aber wirkliche Sicherheit brauchst du davon nicht zu erwarten. Auch die Leute, die jetzt deine Zukunftsangst schüren, um an dein Geld zu kommen, können dir keine sorgenfreie Zukunft garantieren. Der Gegenwert des Geldes ist eine Illusion und kann über Nacht verschwinden. Die Unermeßlichkeit des Universums bleibt.

7. Geld-süchtig

Wenn du die Übung des vorherigen Kapitels beherrschst, bist du auch dagegen gefeit, in einer der Fallen der magischen Anziehungskraft des Geldes zu landen – der Gier, dem Neid, dem Geiz, der Verlustangst. Alle drei Erscheinungsformen der Geldsucht verursachen ein Gefühl der Enge in der Brust. Nachdem du jetzt wachsam geworden bist, wirst du es schon bemerken, wenn es sich ankündigt.

Wenn du in dir zum Beispiel den Geiz spürst, öffne als Gegenbewegung die Arme weit und atme tief ein. Laß es nicht zu, daß das Geld sich zum Herrn über dich aufschwingt.

Es ist schön, eine freie Magierin zu sein, die die Geister, die sie rief, nicht Besitz von sich ergreifen läßt. Ich antworte auf die Enge immer mit Weite. Habe ich Angst, in Zukunft zu wenig zu verdienen, lade in eine Freundin ins Restaurant ein. Bin ich auf jemanden neidisch, schenke ich ihm etwas. Bin ich zu geizig, etwas herzugeben, verschenke ich das doppelte.

Warum? Im Eingang habe ich schon erwähnt, daß Geld den Energieströmen der Menschen folgt. Läßt du zu, daß Enge in dein Leben Einzug hält, verkleinert sich dein energetischer Wirkungskreis, und folglich hat das Geld auch weniger Möglichkeit, zu dir zu gelangen – dein Lebensgefühl wird statt Überfluß Mangel sein.

Ein Beispiel: Eine Freundin erzählte mir, daß sie dringend Urlaub bräuchte, ihn sich aber wegen der roten Zahlen auf dem Konto nicht leisten könnte. Seit zwei Jahren war sie am Sparen, aber das Minus ging nicht weg, wurde eher immer größer. Ich redete lange mit ihr und zeigte ihr, daß das Geld ihr Denken und ihre Wünsche beherrschte. Nicht sie war mehr Herrin über ihre Wünsche, sondern das Geld. Ihr energetischer Wirkungskreis wurde immer kleiner. Sie ließ sich durch das Geld einengen wie durch eine Zwangsjacke. Unser Gespräch hat ihr die Augen geöffnet, und sie ließ es auf sich wirken.

Nach drei Wochen rief sie mich an – glücksstrahlend, denn alles hatte sich geändert. Unvorhergesehene Zahlungen gingen ein, plötzlich taten sich neue geschäftliche Kontakte auf. Nebenbei ereigneten sich noch einige echte »Wunder«, die nicht direkt etwas mit Geld zu tun hatten, wohl aber mit dem wachsenden Wirkungskreis. Meine Freundin war von der Geschwindigkeit der Veränderung überrascht. Ich nicht, denn sie ist eigentlich eine Frau mit einem hohen Energieniveau, und mir war klar: Wenn sie die einengende Macht des Geldes erkennt und durchbricht, dann kann sie wieder sehr schnell große Energiemengen mobilisieren.

Ich habe ihr geraten, die Wunder in ein Wunderbuch zu schreiben, denn das erneute Betrachten dieser Wunder läßt einen energetisch am meisten wachsen.

8. Die Egofalle – mit dem Kopf in den Sternen und den Füßen auf der Erde

Spätestens wenn sich die ersten Erfolge einstellen und man mit geöffneten Armen die Geldströme empfängt, lauert die nächste magische Falle in Form des stolzen Egos. »Ach was bin ich doch eine tolle Magierin!« habe ich zu Beginn meiner magischen Karriere oft gedacht und kurz darauf ein gehöriges Schlamassel verursacht.

Die energetischen Fähigkeiten zu verbessern, ist eine Sache – leider wächst die Weisheit nicht automatisch mit. So kann man leicht darauf verfallen, sich und/oder anderen beweisen zu wollen, was für ein toller Hecht man ist, und schon mutiert der Magier oder die Magierin zum energetischen Überflieger mit mangelndem Erdkontakt. Es gilt, rechtzeitig die Handbremse zu ziehen und sich immer wieder auf die Wurzeln – im besten Sinne des Wortes – zu besinnen.

Dazu ein Beispiel: Ich habe eine gute Freundin. Sie trainiert mit mir Aikido und ist magisch begabt. Bei einigen Gelegenheiten erzählte ich ihr, wie ich Wünsche materialisiere, und sie probierte völlig unbefangen meine Tips aus. Binnen kurzer Zeit gab es ein paar drastische Veränderungen in ihrem Leben. Ihr Mann gewann in einer französischen Lotterie eine Million Francs. Außerdem hatte sie sich gewünscht, daß er mal mit ihr tanzen gehen sollte, was er immer beharrlich verweigert hatte. Nach ein paar Wochen kam er von sich aus mit einer Anmeldung für einen Tanzkurs. Als sie dann bei der Gewinnvergabe in Paris auf der Tanzfläche des berühmten Tanzlokals Lido mit ihrem Mann ihre Runden drehte, dachte meine Freundin spontan, daß sie jetzt mit dem Wünschen langsamer machen müßte. Sie fühlte, daß sie viele positive Ereignisse ausgelöst hatte, aber gleichzeitig spürte sie auch die Gefahr, wenn sie so weitermachte, den Boden unter den Füssen zu verlieren. Zu viele glückliche »Zufälle« können uns auch von den Beinen hauen.

Das zugehörige Körpergefühl, wenn du dabei bist, den Boden unter den Füßen zu verlieren, ist zunächst Euphorie, ein anschwellendes Glücksgefühl und unglaubliche Leichtigkeit. Man glaubt, die Welt liege einem zu Füßen und man müsse nur zugreifen. In gewisser Weise stimmt das auch – die Zehntausend Dinge des Universums stehen dir zur Verfügung – aber es ist wichtig, darauf zu achten, daß man nicht von der eigenen Energie umgerissen wird. Kurze Höhenflüge sind in Ordnung, aber dann ist es auch gut, wieder auf dem Teppich zu landen. Du kannst mit diesem Glücksgefühl experimentieren, laß dich von ihm hochtragen, es fühlt sich ein bißchen an wie eine Extase – du bist dir selbst ent-rückt. Aber du bist auch nicht mehr zentriert, und in einem solchen Zustand ist es schwierig, zu beurteilen, was dir wirklich guttut.

Wünschst du dir in einem Zustand des Aufwinds immer mehr und immer mehr, kannst du dein Leben ganz schön aus dem Gleichgewicht bringen.

Mach auch beim Wünschen immer wieder eine Pause!

9. Du bist ein Kind der Sterne – du mußt es dir nicht verdienen

Manche Leute nehmen sich selbst den energetischen Wind aus den Segeln, weil sie insgeheim glauben, so viel Glück nicht verdient zu haben. In gewisser Weise haben wir es auch hier mit einem Gefühl der Enge zu tun. Jeder kleine Zweifel an der eigenen Daseinsberechtigung schwächt das eigene Energiefeld. Es ist eine Form des Geizes sich selbst gegenüber.

Es ist eine schöne Übung, sich selbst als Kind der Sterne zu sehen, dem das ganze Universum zur Verfügung steht; das heißt nicht, auf Kosten anderer. Energetisch gesehen, ist das Universum wirklich unermeßlich. Wir haben alle darin Platz und brauchen nicht um die besten Plätze zu drängeln, oder wenn wir uns ausdehnen, ist das möglich, ohne jemand anderen einzuschränken, einzuengen oder ihm etwas wegzunehmen. Wenn wir ausschließlich positiv zu Werke gehen, senden wir alle auf verschiedenen energetischen Frequenzen, die sich gegenseitig nicht stören.

Dazu gibt es eine wunderbare Übung: Du brauchst dazu ein paar Freunde und einen freien Raum. Ihr benötigt so viel Platz, daß ihr die Arme ausstrecken könnt, ohne euren Nachbarn zu berühren. Jetzt lege eine schöne meditative Tanz- oder Bewegungs-CD auf. Einer von euch kann dann langsam den folgenden Text sprechen, mit langen Pausen zwischen den Sätzen, während die anderen üben: »Schließt die Augen und stellt euch vor, ihr wäret ein einzelner Baum auf einem Hügel. Um diesen Hügel herum ist eine endlose Ebene, die bis zum Horizont reicht. Ihr seid weit und breit der einzige Baum. Der Baum kann sich also ausdehnen und wachsen, so weit er will. Wenn du die Arme hebst, kannst du die Äste wachsen lassen, wenn du willst bis zu den Sternen und bis zum Horizont. Durch eine Drehung der Hüfte kannst du dich auch in alle Richtungen ausdehnen. Die Füße bleiben fest auf dem

Boden stehen, denn das sind schließlich deine Wurzeln. Nun laß sie genauso weit in die Erde wachsen wie du dich über der Erde ausgedehnt hast, wenn du willst bis zum Erdmittelpunkt.

Stell dir vor, wie der Wind durch deine Äste weht, und wiege dich leicht. Wenn du dich ganz als Baum gefühlt hast, öffne langsam die Augen.«

Ihr werdet euch alle wunderbar mit großen Bewegungen fließend bewegt haben. Ihr werdet ein Gefühl von Weite und Unendlichkeit aus dieser Übung mitbringen und die Erkenntnis, daß ihr euch in eurer Großartigkeit nicht gegenseitig gestört habt. Jeder war ein wunderbarer Baum, ohne die anderen in ihrem Wachstum einzuengen. Es ist wie bei der Liebe. Dadurch daß wir mehrere Leute lieben, wird die Liebe für den einzelnen nicht weniger. Liebe ist kein Eimer, der irgendwann erschöpft ist, sondern auch sie ist nahezu grenzenlos vermehrbar, bis das ganze Universum von ihr erfaßt wird.

Erst wenn wir beginnen, uns mit anderen zu vergleichen und etwa Konkurrenzangst in unser Herz einziehen lassen, beginnen wir mit unseren Energien gegen andere zu kämpfen. Die Vergleiche mit anderen führen zu nichts – entweder wird man verbittert oder überheblich. Du bist ein Kind der Sterne. Du kannst dem Universum vertrauen. Du kannst so hell strahlen wie du willst, und das Universum ist so groß, daß auch alle anderen so hell strahlen können, wie sie wollen, und trotzdem ist für alle genug Platz da.

10. Ein Hexenritual

Wie könnte dein Wünsche-Ritual in der Praxis aussehen? Folgende Punkte noch einmal zur Wiederholung:

1. Du mußt in der Lage sein, deinen Willen zu fokussieren.
2. Du mußt in der Lage sein, einen Wunsch zu visualisieren. Dazu brauchst du Vorstellungsvermögen und Phantasie.
3. Du mußt an die Unermeßlichkeit des Universums glauben.
4. Du mußt davon überzeugt sein, daß dir ein Teil des Universums zusteht.

Am wichtigsten ist, daß du alle Schranken in deinem Kopf über Bord wirfst. Mache dich mit der Vorstellung vertraut, daß in dir magische Fähigkeiten schlummern, die nur geweckt werden müssen. Mache dich bereit für das Auftauchen von unglaublichen »Zufällen« in deinem Leben.

Die Praxis: Nehmen wir an, du wolltest dir eine Gehaltserhöhung wünschen. Zunächst einmal brauchst du zur Durchführung deines Wunschrituals Ruhe. Suche dir einen Platz, an dem du ungestört bist. Dein Platz kann sich im Freien oder in deiner Wohnung befinden, Hauptsache, du wirst nicht gestört. Dann brauchst du weiße Papierschnipsel oder – noch besser – weiße Kieselsteine, um den Ritualkreis zu legen. Lege die Steine gegen den Uhrzeigersinn aus. Der Kreis sollte so groß sein, daß du bequem darin sitzen kannst. In der Mitte des Kreises baue einen kleinen Altar auf, vielleicht ein Holzkästchen mit einer Decke darauf. Du kannst den Altar schmücken mit Dingen, die zu dir und deinem Wunsch passen. Verlaß dich dabei auf deine Intuition. Manche Hexen empfehlen in Geldangelegenheiten die Farbe Grün. Ich mag bei Ritualen für Reichtum gerne Gelb und Gold. Möchtest du aber eher deine Durchsetzungsfähigkeit dem Chef gegenüber stärken, kannst du auch Rot wählen, die Farbe des Mars. Geh spielerisch an die Sache heran. Ein Ritual soll Spaß machen. Auf dem Altar sollte Platz bleiben für eine kleine Kupferschale mit Sand. In diese legst du eine Kohletablette für Räucherungen. Eine solche gibt es im Esoterik-Laden. Dort kannst du auch fertige Räuchermischungen erstehen, für Geldangelegenheiten eine Jupitermischung. Ich sammele und trockne die Blüten und Kräuter für meine Räucherungen lieber selbst. Lavendel steht für fürsorgliche Liebe und Gesundheit, Rosenblätter für das Schöne im Leben, Gingkoblätter für Kraft, Lorbeer für Kreativität, Nelken für die Würze im Leben und Wohlstand, Weihrauch für Reichtum und Überfluß. Aber du kannst auch andere Pflanzen verwenden, wenn du das Gefühl hast, daß sie zu dir und deinem Wunsch besser passen. Jeder Mensch ist ein eigenes Universum. Was dem einen guttut, kann dem anderen schaden. Salbei sollte immer mit von der Partie sein, denn Salbei verleiht allen Hexenritualen die Kraft. Allerdings ist es wichtig, auf die Dosierung zu achten, denn die Strenge des Salbei kann die Wirkung anderer Kräuter übertönen.

Wenn du Pflanzen für dein Ritual sammelst, solltest du gut gelaunt sein. Deine Energie überträgt sich auf die Blätter. Ehe du übelgelaunt oder unter Zeitdruck ein paar Blätter von den Büschen rupfst, gehe lieber ins Geschäft, um eine fertige Mischung zu kaufen.

Trockne die Pflanzen an einem schattigen, luftigen Ort, Rosenblätter kannst Du auch in der Sonne trocknen, dann laden sie sich zusätzlich mit der Kraft der Sonne auf. Natürlich gehen beim Trocknen in der Sonne ätherische Öle verloren, daher solltest du die Pflanzen, die du für Tees usw. verwenden möchtest, im Schatten trocknen. Aber das Trocknen in der Sonne gibt den Pflanzen für rituelle Räucherungen zusätzliches Feuer. Nimm keine Pflanzen, die chemisch behandelt wurden. Du selbst solltest keine Kleider aus Kunstfaser oder Seide tragen, beide Stoffe blockieren den Energiefluß.

Wenn alle Zutaten für dein Ritual bereitliegen, verlasse rückwärts den Ritualkreis, um ihn zu weihen. Ich sage dazu immer folgenden Satz: »Ich weihe diesen Kreis für mein Hexenritual.« Dabei beschreibe ich mit meiner linken Hand ein Pentagramm in die Luft. Du kannst dir aber auch einen anderen Weihespruch ausdenken. Wichtig ist nur, daß du visualisierst, daß du während des Rituals im Kreis nicht gestört wirst. Viele Teilnehmer und Teilnehmerinnen in meinen Kursen empfinden eine angenehme Wärme innerhalb des Kreises. Sie fühlen sich geborgen. So soll es sein.

Nach der Weihe betrittst du den Kreis. Ab jetzt solltest du jeden Gedanken, der nichts mit deinem Wunsch und dem Ritual zu tun hat, meiden. Konzentriere dich ganz auf deine Aufgabe.

Grüße die Kräfte und bedanke dich bei ihnen für ihre Anwesenheit. Wenn du willst, kannst du dich auch den Himmelsrichtungen zuwenden und überlegen, in welcher Form sie deinen Wunsch unterstützen könnten. Der Osten steht für Neubeginn, Süden für feurige Liebe, Helligkeit, Licht und Wärme, Westen für fürsorgliche Liebe, Gesundheit und das Schöne im Leben, Norden für Verstand, Orientierung und Konzentration.

Zur Begrüßung legst du Räucherwerk auf die Kohle. Der aufsteigende Rauch festigt deine Verbindung zu den Kräften und ist gleichzeitig ein Geschenk an die Kräfte, denn du willst ja nicht nur etwas haben, sondern auch etwas zurückgeben, damit der Energiekreis sich wieder schließt. Konzentriere dich danach auf deinen Wunsch und sprich ihn laut aus. Das Aussprechen zwingt zur Präzision.

Visualisiere, wie du dich fühlen wirst, wenn du in der Gehaltsklasse nach oben gerutscht bist. Je plastischer dein Bild ist, um so mehr Emotionen kannst du mit ihm hervorrufen. Die Emotionen geben deinem Wunsch die Kraft.

Danke den Kräften, daß sie dich bei der Verwirklichung deines Wunsches unterstützen. Wenn du willst, kannst du etwas singen oder summen, die Kräfte lieben Musik. Lege als Geschenk für die Kräfte noch etwas Räucherwerk nach. Wenn du das Gefühl hast, daß dein Wunsch gehört wurde, bedanke dich noch einmal bei den Kräften und verlasse rückwärts den Ritualkreis. Mit dem Gesicht zur Kreismitte solltest du auch dem Kreis für den Schutz während des Rituals danken. Dann sammele die Steine im Uhrzeigersinn wieder ein. Bewahre sie sorgfältig für das nächste Mal auf, denn sie haben sich mit der Energie deines ersten Rituals aufgeladen. Während du die Zutaten und den Altar wegräumst, solltest du kein Rosenblatt oder den Rest des Räucherwerks achtlos zur Seite fegen. Behandele alles wie eine Kostbarkeit. Auch der Sand und die

Asche sollten nicht einfach im Müll landen, sondern an einem besonderen Platz ausgestreut werden.

Du kannst dir wünschen, was du willst, das Universum ist unermeßlich, aber wünsche dir am besten keine konkreten Geldbeträge. Geld an sich ist meiner Erfahrung nach zu wenig materiell, um genügend Emotionen während des Visualisierens hervorzurufen. Wünsche dir zum Beispiel lieber eine große Terrasse und stelle dir vor, wie du dort mit einem Gefühl von Wohlstand sitzt.

Versuche nicht, deinen Wunsch zu erzwingen. Laß deinen Wunsch frei, sobald du ihn abgegeben hast. Laß ihn mit dem Rauch der Räucherung aufsteigen und losfliegen. Spekuliere auch nicht über mögliche Kausalzusammenhänge. Die Wirkungsgesetze im Universum folgen blumigen Mustern, die mit dem Verstand nicht zu fassen sind. Je weniger du dich in die Verwirklichung deines Wunsches einmischst, um so besser. Es sei denn, du wärest erleuchtet.

Sei nicht ungeduldig. Vertraue darauf, daß dein Wunsch sich zum richtigen Zeitpunkt materialisiert. Wenn dein Wunsch sich zum falschen Zeitpunkt verwirklicht, kann er dir mehr schaden als nützen. In Ritualen spielt Zeit eine andere Rolle.

Ich möchte dich noch einmal an dein Wunder-Buch erinnern. Dort hinein schreibst du alle Wünsche, seltsamen Begegnungen, glücklichen Zufälle und Situationen, die dir wie Fügungen erscheinen. Am Anfang wirst du vielleicht kein System erkennen, im Laufe der Zeit wirst du aber eine Häufung von »magischen« Zusammenhängen bemerken. Mit dem Buch wird es dir auch auffallen, wenn sich plötzlich Wünsche materialisieren, die du vielleicht schon wieder vergessen hast.

So wirst du deine energetischen Fortschritte sehen. Sei nicht enttäuscht, wenn es etwas dauert. Jeder Mensch hat eine bestimmte Begabung. Bei manchen geht es schneller, bei anderen dauert es länger, aber in Ritualen spielt Zeitdauer keine Rolle. Wie immer sollte gelten: Der Weg ist das Ziel. Nicht das Ergebnis alleine zählt, sondern schon die Entwicklung ist spannend. Viel Spaß beim Ausprobieren.

III.
SCHUTZ VOR SCHWARZER MAGIE

1. Der energetische Schutzschild

Ich hatte einen Nachbarn, der mich über zwei Jahre hinweg piesackte. Er spionierte aus, wer wann mein Haus betrat und wieder verließ, schrieb wegen Nichtigkeiten Beschwerden, rief mich nörgelnd an, zitierte mich vor Gericht, obwohl ich ihm ständig signalisierte, daß ich mich gerne einvernehmlich mit ihm einigen würde.

Ich wußte nicht mehr weiter, und so holte ich mir Rat bei Freunden, die energetisch arbeiten. Sie rieten mir, es mit Harmonie zu versuchen. Also visualisierte ich meinen Nachbarn in einer sich öffnenden Blüte oder versuchte, ihm Lichtenergie zu senden. Nichts half, es wurde eher noch schlimmer. Eines Tages wurde mir klar, daß der Nachbar einen großen Teil meiner Aufmerksamkeit und meiner Energie fesselte, die ich besser meinen Kindern zukommen lassen würde.

Ich beschloß, der Sache ein Ende zu setzen – mit einem Hexenritual. Ich spürte nach, wann ein guter Augenblick war, und legte los: Ich holte meine große goldene Stiermaske aus dem Keller, die ich einmal für ein Sonnenritual gebaut hatte. Auf die Grenze zum Nachbargrundstück stellte ich mehrere Räucherschalen. Ich zündete die Räucherkohle an und legte Salbei – eines der stärksten Hexenkräuter – auf. Dann nahm ich die Stiermaske und hielt sie mit dem Gesicht Richtung

Nachbargrundstück. Mit der hoch erhobenen Maske ging ich singend die Grenze auf und ab.

Jeder, der an meinem Haus vorbeiging, hätte mich sehen können, aber das war mir egal: Eine Magierin schämt sich nicht – das verschafft ihr Respekt.

Nach etwa zehn Minuten kam »zufällig« der Nachbar aus seiner Tür und blieb wie angewurzelt stehen. Mit offenem Mund starrte er auf mein Treiben. Ich ließ mich von ihm nicht beirren und machte konzentriert weiter. Schließlich kam er mißtrauisch auf mich zu und fragte mich, was ich da mache. Ich erklärte ihm, daß ich seine ständigen Anfeindungen nicht mehr ertragen wolle und deshalb dabei sei, eine energetische Schutzwand zu errichten. Sie funktioniere wie ein Spiegel und würde alle negative Energie, die er in meine Richtung aussende, sofort wieder zu ihm reflektieren. Diese Energie könne dann in seiner Familie großen Schaden anrichten. Es wäre daher in seinem eigenen Interesse, wenn er sich zusammenreißen würde. Ich selbst würde aber nichts hinzutun, denn dann würde ich mich ja selbst wieder an ihn binden. Für mich sei die Verbindung jetzt unterbrochen. Dann ließ ich ihn stehen und führte das Ritual zu Ende. Er rief mir noch nach, ob ich ihm das auch schriftlich geben würde, aber ich beachtete ihn nicht weiter.

Seitdem ist Ruhe. Keine Briefe mehr, keine Anrufe mehr, nichts mehr. Wunderbar. Erst jetzt merkte ich, wieviel meiner Energie mein Nachbar gebunden hatte.

Das energetische Schutzschild wirkt, auch wenn dein Peiniger nichts davon weiß.

Manchmal ist nur die Grenze, an der man das Ritual am besten durchführt, schwer zu definieren. Die Globalisierungsgegner gingen bei ihren Demonstrationen intuitiv richtig vor. Da ihre Widersacher aus verschiedenen Ländern kamen, hielten sie ihre Demonstrationen an Orten ab, die der Wirtschaftselite als Treffpunkte wichtig sind, ja, wo sie sich zu Hause fühlt.

Suche also, so weit es dir möglich ist, für dein Ritual einen Ort aus, der an den direkten Machtbereich deines Peinigers grenzt. Also ran an die Höhle des Löwen!

Nehmen wir mal an, du arbeitest Schreibtisch an Schreibtisch mit einem Kollegen, der von Konkurrenzdenken beherrscht wird und dir deshalb das Leben zur Hölle macht. Wenn du das Gefühl hast, daß sein Einfluß auf dein Leben zu groß wird, kannst du etwas unternehmen. Bei der konkreten Gestaltung des Rituals ist deine Kreativität gefragt. Die Symbole, die du verwendest, sollten für dich Kraft, Licht und Zielgerichtetheit repräsentieren. Es muß nicht unbedingt eine goldene Stiermaske sein. Du kannst sogar ganz auf jegliches Symbol, ja sogar auf die Räucherung verzichten, wenn es dir auch so gelingt, genug Energie zu bündeln.

Spüre nach, wann ein guter Augenblick für dein Ritual ist. Vielleicht machst du es in der Mittagspause, dann ist die Chance, daß dein Kollege nicht da ist, größer. Es mag dich am Anfang ablenken, wenn andere dich bei deinem Ritual beobachten. Vielleicht bist du aber sehr selbstbewußt und denkst dann: »Jetzt erst recht!«

Ich jedenfalls hätte keine Bedenken, vor der Nase eines mißgünstigen Kollegen auf dessen Schreibtisch Salbei abzukokeln.

Das Wunderbare an diesen Schutzritualen ist, daß dir aus ihnen eine unglaubliche Kraft zuwächst. Zum einen sind das die eigenen Energien, die vorher in der schwarzmagischen Schlinge gebunden waren, und zum anderen ist es der Stolz auf sich selbst, daß man so mutig war, etwas so Außergewöhnliches zu tun, daß dann auch noch von Erfolg gekrönt ist. Immer mutig voran!

2. Das Lachen

Schwarzmagier schüren gerne Angst, denn das lähmt die Widerstandskraft ihrer Opfer. Was ist das beste Mittel gegen Angst? – Das Lachen.

Ich gebe zu, wenn man in der magischen Schlinge steckt, kann einem schon das Lachen vergehen. Wenn dein Chef mehrmals am Tage direkt oder indirekt mit Rausschmiß droht, wird dir nicht nach Lachen zumute sein.

Deshalb muß man das Lachen in einem schweren Fall regelrecht trainieren. Also stell dich vor einen Spiegel, schau dir ins Gesicht und zaubere ein Lächeln auf deine Lippen. Lege eine Hand auf dein Zwerchfell, wenn du nicht weißt, wo das ist, hechle wie ein Hund und dort, wo deine Bauchdecke am meisten vibriert, direkt unter den Rippenbögen, liegt dein Zwerchfell. Wahrscheinlich mußtest du jetzt schon über dein blödes Gesicht lachen, das spielt aber keine Rolle. Wir fangen ganz vorne an.

Lache ein betont offenes Ha, Ha, Ha und beobachte, wie sich dein Zwerchfell mitbewegt, dann probier He, He, He und Ho, Ho, Ho und spüre nach, wie du dich fühlst. Schon etwas lockerer? Wenn dir jetzt spontan der Gedanke kommt »Oh je, hoffentlich sieht mich keiner!« dann denke daran: Eine Magierin schämt sich nicht.

Jetzt sind die Augen an der Reihe: Leuchten sie schon? Ein Lachen ist erst mit strahlenden Augen perfekt. Ein Lachen, das sich nur auf den Lippen zeigt, ist nicht echt. Stell dir deinen Peiniger vor, wie er selbst vor dem Spiegel das Lachen übt. Sein blödes Gesicht wird dich bestimmt erheitern.

Probiere so lange herum, bis du irgendwie zum Lachen kommst. Ein kurzes Ha, das wirklich aus dem Bauch kommt, reicht schon für den Anfang.

Jetzt prüfe noch mal dein Lächeln. Schon strahlender? Das brauchst du nämlich für deinen großen Auftritt. Ab jetzt antwortest du auf jede

Schmach deines Peinigers mit einem strahlenden Lächeln – vielleicht in Verbindung mit einem coolen Spruch wie: »Darf's noch etwas mehr sein?« oder Ähnliches. Auch wenn es zunächst nur gespielt ist, du demonstrierst damit: Mir machst du keine Angst mehr. Wenn er das nächste mal mit Kündigung droht, kannst du in schallendes Gelächter ausbrechen, als wär's der beste Witz, den du je gehört hast. Wenn du konsequent beim Lachen bleibst, wird sich die energetische Schlinge in jedem Fall lösen. Vielleicht hört er auf, vielleicht wirft er dich wirklich hinaus, aber du wirst relativ schnell frei sein.

In meinem Entspannungskurs lachen wir manchmal Tränen, so lustig ist das, was sich die Frauen als Konter für ihre potentiellen Peiniger einfallen lassen.

Bis jetzt ist noch keine hinausgeworfen worden, aber einige sind freiwillig gegangen, und es ging ihnen gut dabei.

ANHANG

Märchentexte

MÄRCHEN DER GEBRÜDER GRIMM

Vom Fischer und seiner Frau

Es war einmal ein Fischer und seine Frau, die wohnten zusammen in einem alten Pott dicht an der See, und der Fischer ging alle Tage hin und angelte, und er angelte und angelte. So saß er auch einmal mit seiner Angel und schaute immer in das klare Wasser hinein, und er saß und saß.

Da ging die Angel auf den Grund, tief, tief hinab, und wie er sie heraufholte, da zog er einen großen Butt heraus. Da sagte der Butt zu ihm: »Höre, Fischer, ich bitte dich, laß mich leben, ich bin kein richtiger Butt, ich bin ein verwünschter Prinz. Was hilft es dir, wenn du mich tötest? Ich würde dir doch nicht recht schmecken. Setz mich wieder ins Wasser und laß mich schwimmen!«

»Nun«, sagte der Mann, »du brauchst nicht so viele Worte zu machen, einen Butt, der sprechen kann, werde ich doch wohl schwimmen lassen.« Damit setzte er ihn wieder in das klare Wasser hinein, und der Butt schwamm zum Grund hinab und ließ einen langen Streifen Blut hinter sich. Der Fischer aber stand auf und ging zu seiner Frau in den alten Pott.

»Mann«, sagte die Frau, »hast du heute nichts gefangen?«

»Nein«, sagte der Mann, »ich habe einen Butt gefangen, der sagte, er sei ein verwünschter Prinz, da habe ich ihn wieder schwimmen lassen.«

»Hast du dir denn nichts gewünscht?« sagte die Frau.

»Nein«, sagte der Mann, »was sollte ich mir denn wünschen?«

»Ach«, sagte die Frau, »es ist doch übel, hier immer in dem alten Pott zu wohnen, der stinkt und ist so eklig; du hättest uns doch eine kleine Hütte wünschen können. Geh noch einmal hin und rufe den Butt und sage ihm, wir wollen eine kleine Hütte haben. Er tut das gewiß.«

»Ach«, sagte der Mann, »was soll ich da noch mal hingehen?«

»I«, sagte die Frau, »du hast ihn doch gefangen gehabt und hast ihn wieder schwimmen lassen, er tut das gewiß. Geh nur gleich hin!« Der Mann wollte noch nicht so recht; aber er wollte auch seiner Frau nicht zuwiderhandeln, und so ging er denn hin an die See. Als er da nun hinkam, war die See ganz grün und gelb und gar nicht mehr so klar. Da stellte er sich denn hin und rief:

»Manntje, Manntje, Timpe Te,
Buttje, Buttje in der See,
myne Fru, de Ilsebill,
will nich so, as ik wol will.«

Da kam der Butt angeschwommen und sagte: »Na, was will sie denn?«

»Ach«, sagte der Mann, »ich hatte dich doch gefangen, nun sagt meine Frau, ich hätte mir etwas wünschen sollen. Sie mag nicht mehr in dem alten Pott wohnen, sie wollte gerne eine Hütte.«

»Geh nur hin«, sagte der Butt, »sie hat sie schon.«

Da ging der Mann hin, und seine Frau saß nicht mehr in dem alten Pott, aber es stand nun eine kleine Hütte da, und seine Frau saß vor der Tür auf einer Bank. Da nahm ihn seine Frau bei der Hand und sagte zu ihm: »Komm nur herein, siehst du, nun ist das doch viel besser.«

Da gingen sie hinein, und in der Hütte war ein kleiner Vorplatz und eine kleine hübsche Stube und eine Kammer, wo für jeden ein Bett stand, und Küche und Speisekammer und ein Geräteschuppen waren auch da, und alles war auf das schönste und beste eingerichtet mit Zinnzeug und Messingzeug, wie sich das so gehört. Und hinter der Hütte, da war auch ein kleiner Hof mit Hühnern und Enten und ein kleiner Garten mit Gemüse und Obst.

»Siehst du«, sagte die Frau, »ist das nicht nett?«

»Ja«, sagte der Mann, »so soll es bleiben; nun wollen wir recht vergnügt leben.«

»Das wollen wir uns bedenken«, sagte die Frau. Und dann aßen sie etwas und gingen zu Bett.

So ging das wohl acht oder vierzehn Tage, da sagte die Frau: »Hör, Mann, die Hütte ist auch gar zu eng, und der Hof und der Garten sind so klein. Der Butt hätte uns wohl auch ein größeres Haus schenken können. Ich möchte wohl in einem großen steinernen Schloß wohnen. Geh hin zum Butt, er soll uns ein Schloß schenken!«

»Ach, Frau«, sagte der Mann, »die Hütte ist ja gut genug, was sollen wir in einem Schloß wohnen?"

»I was«, sagte die Frau, »geh du nur hin, der Butt kann das wohl tun.«

»Nein, Frau«, sagte der Mann, »der Butt hat uns erst die Hütte gegeben, ich mag nun nicht schon wieder kommen, das könnte den Butt verdrießen.«

»Geh doch!« sagte die Frau. »Er kann das recht gut und tut das gern, geh du nur hin!« Dem Manne war das Herz so schwer, und er wollte nicht. Er sagte bei sich selbst: Das ist nicht recht, er ging aber doch hin.

Als er an die See kam, war das Wasser ganz violett und dunkelblau und grau und dick und gar nicht mehr so grün und gelb, doch war es noch still. Da stellte er sich hin und rief:

»Manntje, Manntje, Timpe Te,
Buttje, Buttje in der See,
myne Fru, de Ilsebill,
will nich so, as ik wol will.«

»Na, was will sie denn?« sagte der Butt.

»Ach«, sagte der Mann halb bekümmert, »sie will in einem großen Schlosse wohnen.«

»Geh nur hin, sie steht schon vor der Tür«, sagte der Butt.

Da ging der Mann fort und dachte, er wollte nach Hause gehen, aber als er da ankam, stand da nun ein großer, steinerner Palast, und seine Frau stand eben auf der Treppe und wollte hineingehen. Da nahm sie ihn bei der Hand und sagte: »Komm nur herein!« Darauf ging er mit ihr hinein, und in dem Schlosse war eine große Diele mit marmelsteinernem Boden, und da waren so viele Bediente, die rissen die großen Türen auf, und die Wände glänzten von schönen Tapeten, und in den Zimmern waren lauter goldene Stühle und Tische, und kristallene Kronleuchter hingen an der Decke, und in allen Stuben und Kammern lagen Teppiche. Und das Essen und der allerbeste Wein standen auf den Tischen, als wenn sie brechen sollten. Und hinter dem Hause war auch ein großer Hof mit Pferd- und Kuhstall und mit Kutschwagen auf das allerbeste, und da war auch noch ein großer, prächtiger Garten mit den schönsten Blumen und feinen Obstbäumen und ein Lustwäldchen, wohl eine halbe Meile lang, darin waren Hirsche und Rehe und Hasen, alles, was man sich nur immer wünschen mag.

»Na«, sagte die Frau, »ist das nun nicht schön?«

»Ach ja«, sagte der Mann, »so soll es auch bleiben, nun wollen wir in dem schönen Schlosse wohnen und wollen zufrieden sein.«

»Das wollen wir uns bedenken«, sagte die Frau, »und wollen es beschlafen.« Und damit gingen sie zu Bett.

Am andern Morgen wachte die Frau zuerst auf, es wollte gerade Tag werden, und sie sah aus ihrem Bette das herrliche Land vor sich liegen. Der Mann reckte sich noch, da stieß sie ihn mit dem Ellenbogen in die Seite und sagte: »Mann, steh auf und guck mal aus dem Fenster! Sieh, könnten wir nicht König werden über all das Land? Geh hin zum Butt, wir wollen König sein!«

»Ach, Frau«, sagte der Mann, »was sollen wir König sein! Ich mag nicht König sein!«

»Na«, sagte die Frau, »willst du nicht König sein, so will ich König sein. Geh hin zum Butt, ich will König sein.«

»Ach, Frau«, sagte der Mann, »was willst du König sein? Das mag ich ihm nicht sagen.«

»Warum nicht?« sagte die Frau. »Geh stracks hin, ich muß König sein.«

Da ging der Mann hin und war ganz bekümmert, daß seine Frau König werden wollte. Das ist nicht recht und ist nicht recht, dachte der Mann. Er wollte gar nicht hingehen, ging aber doch hin.

Und als er an die See kam, da war die See ganz schwarzgrau, und das Wasser gärte so von unten herauf und roch ganz faul. Da stellte er sich hin und rief:

»Manntje, Manntje, Timpe Te,
Buttje, Buttje in der See,
myne Fru, de Ilsebill,
will nich so, as ik wol will.«

»Na, was will sie denn?« sagte der Butt.

»Ach«, sagte der Mann, »sie will König werden.«

»Geh nur hin, sie ist es schon«, sagte der Butt.

Da ging der Mann hin, und als er zum Palast kam, da war das Schloß viel größer geworden und hatte einen großen Turm und herrlichen Zierat daran, und die Schildwachen standen vor dem Tor, und da waren so viele Soldaten und Pauken und Trompeten.

Und als er in das Haus kam, da war alles von purem Marmelstein mit Gold und samtenen Decken und großen goldenen Quasten. Da gingen die Türen vom Saal auf, in dem der ganze Hofstaat war, und seine Frau saß auf einem hohen Thron von Gold und Diamant und hatte eine große goldene Krone auf und das Zepter in der Hand von purem Gold und Edelstein, und auf jeder Seite von ihr standen sechs Jungfrauen in einer Reihe, eine immer einen Kopf kleiner als die andere.

Da stellte er sich hin und sagte: »Ach, Frau, bist du nun König?«

»Ja«, sagte die Frau, »nun bin ich König.«

Da stand er da und sah sie an, und als er sie so eine Zeitlang angesehen hatte, da sagte er: »Ach, Frau, was steht dir das schön, wenn du König bist! Nun wollen wir auch nichts mehr wünschen.«

»Nein, Mann«, sagte die Frau und war ganz unruhig, »mir wird schon die Zeit und Weile lang, ich kann das nicht mehr aushalten. Geh hin zum Butt, König bin ich, nun muß ich Kaiser auch werden.«

»Ach, Frau«, sagte der Mann, »was willst du Kaiser werden!«

»Mann«, sagte sie, »geh hin zum Butt, ich will Kaiser sein.«

»Ach, Frau«, sagte der Mann, »Kaiser kann er nicht machen, ich mag dem Butt das nicht sagen; Kaiser ist nur einer im Reich. Kaiser kann der Butt ja nicht machen, das kann und kann er nicht.«

»Was«, sagte die Frau, »ich bin König, und du bist bloß mein Mann, willst du gleich hingehen? Sofort gehst du hin. Kann er König machen, kann er auch Kaiser machen. Ich will und will Kaiser sein, gleich geh hin!« Da mußte er hingehen.

Als der Mann aber hinging, da war ihm ganz bang, und als er so ging, dachte er bei sich: Das geht und geht nicht gut. Kaiser ist zu unverschämt. Der Butt wird das am Ende doch müde. Und da kam er nun an die See, da war die See ganz schwarz und dick und fing schon an so von unten herauf zu gären, daß es Blasen gab, und da ging ein Windstoß darüber hin, daß es nur so schäumte, und dem Manne graute. Da stellte er sich hin und rief:

»Manntje, Manntje, Timpe Te,
Buttje, Buttje in der See,

myne Fru, de Ilsebill,
will nich so, as ik wol will.«

»Na, was will sie denn?« sagte der Butt.

»Ach, Butt«, sagte er, »meine Frau will Kaiser werden.«

»Geh nur hin«, sagte der Butt, »sie ist es schon.«

Da ging der Mann fort, und als er ankam, da war das ganze Schloß von poliertem Marmelstein mit alabasternen Figuren und goldenem Zierat. Vor dem Tor marschierten die Soldaten, und sie bliesen Trompeten und schlugen Pauken und Trommeln.

Aber im Hause, da gingen die Barone und Grafen und Herzöge nur so als Bediente herum. Da machten sie ihm die Türen auf, die waren von lauter Gold. Und als er hereinkam, da saß seine Frau auf einem Thron, der war von einem Stück Gold und war wohl zwei Meilen hoch. Und sie hatte eine große goldene Krone auf, die war drei Ellen hoch und mit Brillanten und Karfunkelsteinen besetzt. In der einen Hand hatte sie das Zepter und in der anderen Hand den Reichsapfel, und auf beiden Seiten neben ihr, da standen die Trabanten so in zwei Reihen, einer immer kleiner als der andere, von dem allergrößten Riesen, der war zwei Meilen hoch, bis zu dem allerkleinsten Zwerg, der war nur so groß wie mein kleiner Finger. Und vor ihr standen viele Fürsten und Herzöge.

Da stellte sich der Mann dazwischen und sagte: »Frau, bist du nun Kaiser?«

»Ja«, sagte sie, »ich bin Kaiser.«

Da stand er da und sah sie so recht an, und als er sie eine Zeitlang angesehen hatte, da sagte er: »Ach, Frau, was steht dir das schön, wenn du Kaiser bist.«

»Mann«, sagte sie, »was stehst du da herum? Ich bin nun Kaiser, nun will ich aber auch Papst werden, geh hin zum Butt!«

»Ach, Frau«, sagte der Mann, »was willst du denn noch? Papst kannst du nicht werden, Papst ist nur einer in der Christenheit, das kann er doch nicht machen.«

»Mann«, sagte sie, »ich will Papst werden, geh gleich hin, ich muß heute noch Papst werden.«

»Nein, Frau«, sagte der Mann, »das mag ich ihm nicht sagen! Das geht nicht gut, das ist zu grob, zum Papst kann dich der Butt nicht machen.«

»Mann, was für ein Geschwätz«, sagte die Frau, »kann er Kaiser machen, kann er auch Papst machen. Geh sofort hin! Ich bin Kaiser, und du bist bloß mein Mann, willst du wohl hingehen?«

Da kriegte er Angst und ging hin, ihm war aber ganz flau, und er zitterte und bebte, und die Knie und die Waden bibberten ihm. Da fuhr ein Wind über das Land, und die Wolken flogen, daß es dunkel wurde wie am Abend, die Blätter wehten von den Bäumen, und das Wasser ging und brauste, als ob es kochte, und schlug an das Ufer, und weit draußen sah er die Schiffe, die gaben Notschüsse ab und tanzten und sprangen auf den Wellen. Der Himmel war in der Mitte noch so ein bißchen blau, aber an den Seiten, da zog es herauf wie ein schweres Gewitter. Da stellte er sich ganz verzagt in seiner Angst hin und sagte:

»Manntje, Manntje, Timpe Te,
Buttje, Buttje in der See,
meine Frau, die Ilsebill,
will nicht so, wie ich wohl will.«

»Na, was will sie denn?« sagte der Butt.

»Ach«, sagte der Mann, »sie will Papst werden.«

»Geh nur hin, sie ist es schon«, sagte der Butt.

Da ging er fort, und als er ankam, war da eine große Kirche von lauter Palästen umgeben. Da drängte er sich durch das Volk. Innen war aber alles mit tausend und tausend Lichtern erleuchtet, und seine Frau war in lauter Gold gekleidet und saß auf einem noch viel höheren Thron und hatte drei große goldene Kronen auf, und rings um sie herum standen viele vom geistlichen Stand, und auf beiden Seiten neben ihr, da standen zwei Reihen Lichter, das größte so dick und so groß wie der allergrößte Turm bis hinunter zum allerkleinsten Küchenlicht, und alle die Kaiser und die Könige, die lagen vor ihr auf den Knien und küßten ihr den Pantoffel.

»Frau«, sagte der Mann und sah sie so recht an, »bist du nun Papst?«

»Ja«, sagte sie, »ich bin Papst.«

Da stand er da und sah sie recht an, und das war, als ob er in die helle Sonne sähe. Als er sie nun eine Zeitlang angesehen hatte, da sagte er: »Ach, Frau, was steht dir das schön, daß du Papst bist!« Sie saß aber da so steif wie ein Baum und rüttelte und rührte sich nicht.

Da sagte er: »Frau, nun sei auch zufrieden, jetzt wo du Papst bist, jetzt kannst du doch nichts anderes mehr werden.«

»Das will ich mir bedenken«, sagte die Frau. Damit gingen sie beide zu Bett, aber sie war nicht zufrieden, und die Gier ließ sie nicht schlafen, sie dachte immer, was sie noch mehr werden könnte.

Der Mann schlief recht gut und fest, er war den Tag viel gelaufen, die Frau aber konnte gar nicht einschlafen und warf sich von einer Seite auf die andere, die ganze Nacht hindurch, und dachte nur immer, was sie wohl noch werden könnte, und konnte sich doch auf nichts mehr besinnen. Schließlich wollte die Sonne aufgehen, und als die Frau das Morgenrot sah, da richtete sie sich in ihrem Bett auf und sah sich das an, und als sie nun im Fenster die Sonne heraufkommen sah, da dachte sie: Ha, könnte ich nicht auch die Sonne und den Mond aufgehen lassen?

»Mann«, sagte sie und stieß ihn mit dem Ellenbogen in die Rippen, »wach auf, geh hin zum Butt, ich will werden wie der liebe Gott.« Der Mann war noch halb im Schlaf, aber er erschrak so, daß er aus dem Bette fiel. Er meinte, er hätte sich verhört, rieb sich die Augen aus und fragte: »Ach, Frau, was hast du gesagt?«

»Mann«, sagte sie, »wenn ich nicht die Sonne und den Mond kann aufgehen lassen und muß das so mit ansehen, wie Sonne und Mond aufgehen – ich kann das nicht aushalten und habe keine ruhige Stunde mehr, daß ich sie nicht selber kann aufgehen lassen.« Da sah sie ihn so recht grausig an, daß ihn ein Schauder überlief. »Sofort gehst du hin, ich will werden wie der liebe Gott.«

»Ach, Frau«, sagte der Mann und fiel vor ihr auf die Knie, »das kann der Butt nicht. Kaiser und Papst kann er machen, ich bitte dich, sei vernünftig und bleib Papst!«

Da kam sie in Wut, die Haare flogen ihr wild um den Kopf, sie riß sich das Leibchen auf und trat nach ihm mit dem Fuß und schrie: »Ich halte und halte das nicht länger aus. Willst du wohl gleich hingehen!« Da zog er sich die Hosen an und rannte los wie ein Verrückter.

Draußen aber ging der Sturm und brauste, daß er kaum noch auf seinen Füßen stehen konnte. Die Häuser und die Bäume wurden umgeweht, und die Berge bebten, und die Felsbrocken rollten in die See, und der Himmel war pechschwarz, und es donnerte und blitzte, und die See rollte daher in hohen schwarzen Wogen, so hoch wie Kirchtürme und Berge, und sie hatten alle darauf eine weiße Krone von Schaum. Da schrie er und konnte sein eigenes Wort nicht hören:

»Manntje, Manntje, Timpe Te,
Buttje, Buttje in der See,
meine Frau, die Ilsebill,
will nicht so, wie ich wohl will.«

»Na, was will sie denn?« fragte der Butt.

»Ach«, sagte er, »sie will wie der liebe Gott werden.

»Geh nur hin, sie sitzt schon wieder in dem alten Pott.«

Und da sitzen sie noch bis heute und auf diesen Tag.

Hans im Glück

Hans hatte sieben Jahre bei seinem Herrn gedient, da sprach er zu ihm: »Herr, meine Zeit ist herum, nun wollte ich gerne wieder heim zu meiner Mutter, gebt mir meinen Lohn.«

Der Herr antwortete: »Du hast mir treu und ehrlich gedient; wie der Dienst war, so soll der Lohn sein«, und gab ihm ein Stück Gold, das so groß wie Hansens Kopf war.

Hans zog sein Tüchlein aus der Tasche, wickelte den Klumpen hinein, setzte ihn auf die Schulter und machte sich auf den Weg nach Hause. Wie er so dahinging und immer ein Bein vor das andere setze, kam ihm ein Reiter in die Augen, der frisch und fröhlich auf einem munteren Pferd vorbeitrabte. »Ach«, sprach der Hans ganz laut, »was ist Reiten für ein schönes Ding! Da sitzt einer wie auf einem Stuhl, stößt an keinen Stein, spart die Schuh und kommt fort, er weiß nicht wie.«

Der Reiter, der das gehört hatte, hielt an und rief: »Ei, Hans, warum läufst du auch zu Fuß?«

»Ich muß ja wohl«, antwortete er, »da habe ich einen Klumpen zu tragen, es ist zwar Gold, aber ich kann den Kopf dabei nicht geradhalten, auch drückt mir's auf die Schulter.«

»Weißt du was«, sagt der Reiter, »wir wollen tauschen: ich gebe dir mein Pferd und du gibst mir deinen Klumpen.«

»Von Herzen gern«, sprach Hans, aber ich sage Euch, Ihr müßt Euch damit schleppen.«

Der Reiter stieg ab, nahm das Gold und half dem Hans hinauf, gab ihm die Zügel fest in die Hände und sprach: »Wenn's nun recht geschwind soll gehen, so mußt du mit der Zunge schnalzen und ›hopp, hopp!‹ rufen.«

Hans war seelenfroh, als er auf dem Pferde saß und so frank und frei dahinritt. Über ein Weilchen fiel's ihm ein, es sollte schneller gehen, und er fing an, mit der Zunge zu schnalzen und »hopp, hopp!« zu rufen. Das Pferd setzte sich in starken Trab, und ehe sich's Hans versah, war er abgeworfen und lag in einem Graben, der die Äcker von der Landstraße trennte. Das Pferd wäre auch durchgegangen, wenn es nicht ein Bauer aufgehalten hätte, der des Weges kam und eine Kuh vor sich hertrieb.

Hans suchte seine Glieder zusammen und machte sich wieder auf die Beine. Er war aber verdrießlich und sprach zu dem Bauer: »Es ist ein schlechter Spaß, das Reiten, zumal, wenn man auf so eine Mähre gerät wie diese, die stößt und einen herabwirft, daß man den Hals brechen kann; ich setze mich nun nimmermehr wieder auf. Da lob' ich mir Eure Kuh, da kann einer mit Gemächlichkeit hinterhergehen und hat obendrein seine Milch, Butter und Käse jeden Tag gewiß. Was gäbe ich darum, wenn ich so eine Kuh hätte!«

»Nun«, sprach der Bauer, »geschieht Euch so ein großer Gefallen, so will ich Euch die Kuh für das Pferd vertauschen.« Hans willigt mit tausend Freuden ein; der Bauer schwang sich aufs Pferd und ritt eilig davon.

Hans trieb seine Kuh ruhig vor sich her und bedachte den glücklichen Handel. »Hab ich nur ein Stück Brot, und daran wird mir's doch nicht fehlen, so kann ich so oft mir's beliebt, Butter und Käse dazu essen; hab ich Durst, so melk' ich meine Kuh und trinke Milch. Herz, was verlangst du mehr?« Als er zu einem Wirtshaus kam, machte er halt, aß in der großen Freude alles, was er bei sich hatte, sein Mittags- und Abendbrot, rein auf und ließ sich für seine letzten paar Heller ein halbes Glas Bier einschenken. Dann trieb er die Kuh weiter, immer nach dem Dorfe seiner Mutter zu. Die Hitze ward drückender, je näher der Mittag kam, und Hans befand sich in einer Heide, die wohl noch eine Stunde dauerte. Da ward es ihm ganz heiß, so daß ihm vor Durst die Zunge am Gaumen klebte.

Dem Ding ist zu helfen, dachte Hans, jetzt will ich meine Kuh melken und mich an der Milch laben. Er band sie an einen dürren Baum, und da er keinen Eimer hatte, so stellte er seine Ledermütze unter; aber wie er sich auch bemühte, es kam kein Tropfen Milch zu Vorschein. Und weil er sich ungeschickt dabei anstellte, so gab ihm das ungeduldige Tier mit einem der Hinterfüße einen solchen Schlag vor den Kopf, daß er zu Boden taumelte und eine Zeitlang sich gar nicht besinnen konnte, wo er war.

Glücklicherweise kam gerade ein Metzger des Weges, der auf seinem Schubkarren ein junges Schwein liegen hatte. »Was sind das für Streiche!« rief er und half dem guten Hans auf. Hans erzählte, was vorgefallen war. Der Metzger reichte ihm seine Flasche und sprach:

»Da trinkt einmal und erholt Euch. Die Kuh will wohl keine Milch geben, das ist ein altes Tier, das höchstens noch zum Ziehen taugt oder zum Schlachten.«

»Ei, ei«, sprach der Hans und strich sich die Haare über den Kopf, »wer hätte das gedacht! Es ist freilich gut, wenn man so ein Tier ins Haus abschlachten kann, was gibt's für Fleisch! Aber ich mache mir aus dem Kuhfleisch nicht viel, es ist mir nicht saftig genug. Ja, wer so ein junges Schwein hätte! Das schmeckt anders, dabei noch die Würste!«

»Hört, Hans«, sprach der Metzger, »Euch zuliebe will ich tauschen und will Euch das Schwein für die Kuh lassen.«

»Gott lohn Euch Eure Freundschaft«, sprach Hans, übergab ihm die Kuh, ließ das Schweinchen vom Karren losmachen und den Strick, woran es gebunden war, in die Hand geben. Hans zog weiter und überdachte, wie ihm doch alles nach Wunsch ginge; begegnete ihm eine Verdrießlichkeit, so würde sie doch gleich wieder gutgemacht. Es gesellte sich danach ein Bursche zu ihm, der trug eine schöne weiße Gans unter dem Arm. Sie boten einander die Zeit, und Hans fing an, von seinem Glück zu erzählen, und wie er immer so vorteilhaft getauscht hätte. Der Bursche erzählte ihm, daß er die Gans zu einem Kindtaufschmaus brächte. »Hebt einmal«, fuhr er fort und packte sie bei den Flügeln, »wie schwer sie ist, die ist aber auch acht Wochen lang genudelt worden. Wer in den Braten beißt, muß sich das Fett von beiden Seiten abwischen.«

»Ja«, sprach Hans, und wog sie mit der einen Hand, »die hat ihr Gewicht, aber mein Schwein ist auch keine Sau.«

Indessen sah sich der Bursch nach allen Seiten ganz bedenklich um, schüttelte mit dem Kopf. »Hört«, fing er darauf an, »mit Eurem Schweine mag's nicht ganz richtig sein. In dem Dorfe, durch das ich gekommen bin, ist eben dem Schulzen eins aus dem Stalle gestohlen worden. Ich fürchte, Ihr habt's da an der Hand. Sie haben Leute ausgeschickt, und es wäre ein schlimmer Handel, wenn sie Euch mit dem Schwein erwischten; das Geringste ist, daß Ihr ins finstere Loch gesteckt werdet.«

Dem guten Hans ward bang. »Ach Gott«, sprach er, »helft mir aus der Not, Ihr wißt hier herum bessern Bescheid, nehmt mein Schwein da und laßt mir eure Gans!«

»Ich muß schon was aufs Spiel setzen«, antwortete der Bursche, »aber ich will doch nicht schuld sein, daß Ihr ins Unglück geratet.« Er nahm also das Seil in die Hand und trieb das Schwein schnell auf einem Steinweg fort. Der gute Hans aber ging, seiner Sorgen entledigt, mit der Gans unterm Arme der Heimat zu. »Wenn ich's recht überlege«, sprach er mit sich selbst, »habe ich doch Vorteil bei dem Tausch: erstlich den guten Braten, hernsch die Menge von Fett, die heraussträufeln wird, das gibt Gänsefettbrot auf ein Vierteljahr, und endlich die schönen weißen Federn, die laß ich mir in mein Kopfkissen stopfen, und darauf will ich wohl ungewiegt einschlafen. Was wird meine Mutter eine Freude haben!«

Als er durch das letzte Dorf gekommen war, stand da ein Scherenschleifer mit seinem Karren, sein Rad schnurrte, und er sang dazu:

»Ich schleife die Schere und drehe geschwind
Und hänge mein Mäntelchen nach dem Wind.«

Hans blieb stehen und sah ihm zu; endlich redete er ihn an und sprach: »Euch geht's wohl, weil Ihr so lustig bei Eurem Schleifen seid.« »Ja«, antwortete der Scherenschleifer, »das Handwerk hat einen güldenen Boden. Ein rechter Schleifer ist ein Mann, der, so oft er in die Tasche greift, auch Geld darin findet. Aber wo habt Ihr die schöne Gans gekauft?«

»Die hab ich nicht gekauft sondern für mein Schwein eingetauscht.«

»Und das Schwein?«

»Das hab ich für eine Kuh gekriegt.«

»Und die Kuh?«

»Die hab ich für ein Pferd bekommen.«

»Und das Pferd?«

»Dafür hab ich einen Klumpen Gold, so groß als mein Kopf, gegeben.«

»Und das Gold?«

»Das war mein Lohn für sieben Jahre Dienst.«

»Ihr habt Euch jederzeit zu helfen gewußt«, sprach er Schleifer, »könnt Ihr's nun dahin bringen, daß Ihr das Geld in der Tasche springen hört, wenn Ihr aufsteht, so habt Ihr Euer Glück gemacht.« »Wie soll ich das anfangen?« sprach Hans.

»Ihr müßt Schleifer werden wie ich; dazu gehört nichts als ein Wetzstein, das andere findet sich schon wie von selbst. Da hab ich einen, der ist zwar ein wenig schadhaft, dafür sollt Ihr mir aber auch weiter nichts als Eure Gans geben; wollt Ihr das?«

»Wie könnt Ihr noch fragen«, antwortete Hans, »ich werde ja zum glücklichsten Menschen auf Erden; habe ich Geld, so oft ich in die Tasche greife, was brauche ich da länger zu sorgen?« reichte ihm die Gans hin und nahm den Wetzstein in Empfang.

»Nun«, sprach der Schleifer und hob einen gewöhnlichen schweren Feldstein, der neben im lag, auf, »da habt Ihr noch einen tüchtigen Stein dazu, auf dem sich's gut schlagen läßt und Ihr Eure alten Nägel gerade klopfen könnt. Nehmt hin und hebt ihn ordentlich auf!«

Hans lud den Stein auf und ging mit vergnügtem Herzen weiter; seine Augen leuchteten vor Freude. »Ich muß in einer Glückshaut geboren sein«, rief er aus, »alles, was ich wünsche, trifft mir ein wie einem Sonntagskind.«

Indessen, weil er seit Tagesanbruch auf den Beinen gewesen war, begann er müde zu werden;

Ihn plagte der Hunger, da er allen Vorrat auf einmal in der Freude über die erhaltene Kuh aufgezehrt hatte. Er konnte endlich nur mit Mühe weitergehen und mußte jeden Augenblick haltmachen; dabei drückten ihn die Steine ganz erbärmlich. Da konnte er sich des Gedankens nicht erwehren, wie gut es wäre, wenn er sie gerade jetzt nicht zu tragen bräuchte.

Wie in eine Schnecke kam er zu einem Feldbrunnen geschlichen, wollte da ruhen und sich mit frischem Trunk laben. Damit er aber die Steine im Niedersitzen nicht beschädigte, legte er sie bedächtig neben sich auf den Rand des Brunnens. Darauf setzte er sich nieder und wollte sich zum Trinken bücken, da versah er's, stieß ein klein wenig an, und beide Steine plumpsten hinab. Hans, als er sie mit seinen Augen in die Tiefe hatte versinken sehen, sprang vor Freuden auf, kniete nieder und dankte Gott mit Tränen in den Augen, daß er ihm auch diese Gnade noch erwiesen und ihn auf eine so gute Art und ohne daß er sich einen Vorwurf zu machen brauchte, von den schweren Steinen befreit hätte, die ihm allein noch hinderlich gewesen waren. »So glücklich wie ich«, rief er aus, »gibt es keinen Menschen unter der Sonne!«

Mit leichtem Herzen und frei von aller Last, sprang er nun fort, bis er daheim bei seiner Mutter war.

Die Sterntaler

Es war einmal ein kleines Mädchen, dem waren Vater und Mutter gestorben, und es war so arm, daß es kein Kämmerchen mehr hatte, darin zu wohnen, und kein Bettchen mehr, darin zu schlafen, und endlich gar nichts mehr als die Kleider auf dem Leib und ein Stückchen Brot in der Hand, das ihm ein mitleidiges Herz geschenkt hatte. Es war aber gut und fromm. Und weil es so von aller Welt verlassen war, ging es im Vertrauen auf den lieben Gott hinaus ins Feld.

Da begegnete ihm ein armer Mann, der sprach: „Ach, gib mir etwas zu essen, ich bin so hungrig."

Es reichte ihm das ganze Stückchen Brot und sagte: »Gott segne dir's!« und ging weiter.

Da kam ein Kind, das jammerte und sprach: »Es friert mich so an meinem Kopfe, schenk mir etwas, womit ich ihn bedecken kann.« Da tat es seine Mütze ab und gab es ihm. Und als es noch eine Weile gegangen war, kam wieder ein Kind und hatte kein Leibchen an und fror: da gab es ihm seins; und noch weiter, da bat eins um ein Röcklein, das gab es auch von sich hin.

Endlich gelangte es in einen Wald, und es war schon dunkel geworden, da kam noch eins und bat um ein Hemdlein, und das fromme Mädchen dacht: Es ist dunkle Nacht, da sieht dich niemand, du kannst wohl dein Hemd weggeben, und zog das Hemd ab und gab es auch noch hin. Und wie es so stand und gar nichts mehr hatte, fielen auf einmal die Sterne vom Himmel und waren lauter harte blanke Taler; und ob es gleich sein Hemdlein weggegeben hatte, so hatte es ein neues an, und das war von allerfeinstem Linnen. Da sammelte es sich die Taler hinein und war reich für sein Lebtag.

Einige Bemerkungen zum Sterntalermärchen

In diesem vergleichsweise kurzen Märchen ist symbolhaft die charakteristische Haltung eines Menschen beschrieben, der sich in seinem Glauben geborgen fühlt und sich der größeren Dimension seines eigenen Lebens bewußt ist. Das Mädchen geht mit »Gott«-vertrauen los, wie die Aborigines in die unwirtliche Wüste. Es ist ganz souverän und hat keine Angst. Es gibt gerne und leicht, ohne Erwartung einer Gegengabe. »Gott segne dir´s«, sagt es, wenn es trotz widriger Umstände gegeben hat. Das Mädchen hat keine Angst, aber es ist nicht »naiv«, sondern handelt aus voller Überzeugung und in sich ruhend. Es gibt nicht reflexartig, sondern reflektiert seine eigene Situation genau. Beim Weggeben des letzten Hemdes ist es nackt, aber das Mädchen weiß, daß es wegen der Dunkelheit nicht gesehen werden kann. Damit setzt es sich zudem über die Moralvorstellungen der Gesellschaft hinweg, das heißt, seine eigene Überzeugung ist stärker als die Gebote seines Umfeldes. In diesem Moment, in dem es alle Sicherheiten verläßt, schließt sich der Kreis. Das Mädchen ist für immer an das Unendliche angeschlossen. Es kann geben und geben und seine Schürze wird niemals leer.

Zum Titelbild des Buches

Der abgebildete Sterntaler zeigt sehr schön die selbstbewußte und aufrechte Haltung des Mädchens. Es steht mit beiden Beinen fest auf der Erde und hat den Kopf in den Sternen, der Quelle seiner Inspiration. Während es mit einer Hand die Schürze aufhält, zeigt es mit der anderen nach oben, von wo alles kommt, und schließt damit den Kreis.

Kontakt zur Autorin über den Verlag.

LITERATURVERZEICHNIS

Das Literaturverzeichnis umfasst alle im Text zitierten Bücher und Veröffentlichungen, nicht jedoch alle bei der Vorbereitung des Werkes benutzten Quellen. Die mit # gekennzeichneten Titel beziehen sich direkt auf das Thema Geld bzw. Geldwirtschaft.

Philosophie/Weltanschauung

Baumann, Peter: *Rettet die Naturvölker*, Frankfurt/M 1980, Fischer

Castaneda, Carlos: *Reise nach Ixtlan*, Frankfurt/M 1977, Fischer

Forbes, Jack D.: *Die Wetiko-Seuche*, Wuppertal 1981, Hammer

Fromm, Erich: *Haben oder Sein*, 5. Auflage München 1980, Deutscher Taschenbuch Verlag

Fromm, Erich: *Sigmund Freud*, Frankfurt/M – Berlin – Wien 1981, Ullstein

Gundert, Wilhelm: *Lyrik des Ostens*, München 1978, Carl-Hanser-Verlag

Hamel, Peter Michael: *Durch Musik zum Selbst*, 4. Auflage München 1986, Deutscher Taschenbuch Verlag

Kostolany, André: *Der große Kostolany*, München 2000, Econ #

Lambert, Johanna: *Weise Frauen aus der Traumzeit*, München 1996, Erd

Lao Tse: *Tao-Te-King*, Zürich 1990, Diogenes

Morgan, Marlo: *Traumfänger*, München 1998, Goldmann

Nölting, Andreas: *Die neue Supermacht Börse*, Reinbeck 2000, Rowohlt #

Riesman, David.: *Wohlstand für wen?*, Frankfurt/M 1973, Suhrkamp

Röthlein, Brigitte: »Aus dem Labor der Natur«, in *Natur und Kosmos* 2/2001, München, natur media gmbh

Samuelson, Paul A.: *Volkswirtschaftslehre Band 2*, Köln 1975, BUND-VERLAG #

Schmidt, K. O.: *Seneca, der Lebensmeister*, 6. Auflage, Ergolding 1990, Drei-Eichen-Verlag

Sorros, George: *Die Krise des globalen Kapitalismus*, Frankfurt/M 2000, Fischer #

Walker, Barbara G.: *Das geheime Wissen der Frauen*, Frankfurt/M 1993, zweitausendeins

Zahn, Lothar: *Die letzte Epoche der Philosophie*, Stuttgart 1974, Klett

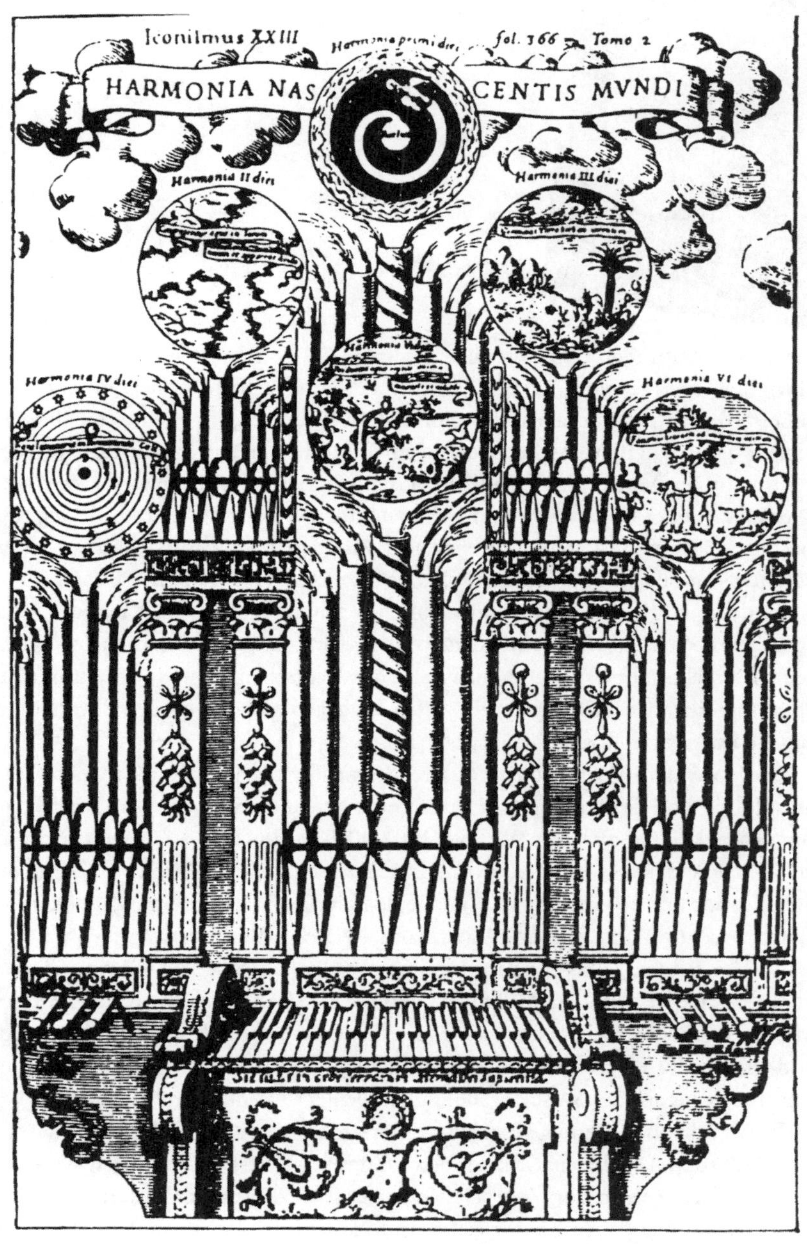

Athanasius Kirchers »Weltenorgel« *(siehe Seite 69)*

AUFKLEBERAKTION –

Ich bin nicht käuflich

Liest man Zeitungen und hört man Nachrichten, so könnte man den Eindruck gewinnen, nahezu jeder sei käuflich und bei entsprechend hoher Summe zum äußersten bereit. Nationen überfallen andere Nationen, um sich deren Bodenschätze anzueignen, Menschen werden aus Profitdenken auf verschiedenste Weise getötet, unsere Mutter Erde gnadenlos ausgebeutet, moralische Werte ausverkauft. Die Allmacht des Geldes hat ihren Höhepunkt leider noch nicht erreicht. Die Allianz der Mächtigen ist stark und entschlossen. Dagegen möchte ich etwas unternehmen – mit dieser Aufkleberaktion. Das bezeichnen einige Leute als naiv.

Ist das wirklich naiv, oder ist es nicht eher naiv, sich immer und immer wieder aus irgendwelchen Kassen zu bedienen und gleichzeitig zu hoffen, daß es schon keinem auffällt? Oder ist es etwa nicht naiv, uns Deutschen zu predigen, wir müßten mehr Opferbereitschaft zeigen und gleichzeitig sich zu einer kleinen Silvesterfeier einladen zu lassen, Kostenpunkt: 7661 Euro.

Die Vorbilder in Form einiger unserer Spitzenfunktionäre aus Wirtschaft, Sport und Politik sind haarsträubend. Da verdiente der unter Schande zurückgetretene Bundesbankpräsident Ernst Welteke 350.000 Euro im Jahr und damit mehr als der Bundeskanzler, aber immer noch lächerlich wenig im Vergleich zu Ackermann und Konsorten, die sich für ihre gnadenlos gierige Selstentlohnung derzeit vor Gericht rechtfertigen müssen. Ackermann, Welteke, Bereicherung des Mannesmann-Vorstandes, Kohls Sonder-Honorare aus der Schatulle Leo Kirchs und seine unaufgeklärten Ehrenwort-Millionen, dubiose Geldgeschäfte der Familie Strauß, Möllemanns Geldquellen sind nur einige überregionale Schlaglichter am Rande und jenseits der Illegalität. In jedem Bundesland gibt es dazu noch die regionalen Selbstbediener aus der Kasse der mehr oder weniger öffentlichen Gelder.

Diese Selbstbedienungsmentalität stiftet großen wirtschaftlichen und moralischen Schaden. Da dies ein Schattenbereich unserer Wirtschaft ist, liegen allerdings keine exakten Zahlen vor, aber ich bin sicher, von diesem verschwendeten Geld könnte man eine große Zahl sozialer und ökologisch sinnvoller Projekte unterstützen.

Würde dieses Aussaugen »auf Teufel komm raus« von diesen Herren unterlassen werden, würde auch insgesamt das wirtschaftliche Klima besser werden. Die Leute würden wieder mit mehr Freude und Überzeugung gemeinsam anpacken. Ganz im Ernst: Würden Sie sich ein Bein ausreißen, wenn Sie wüßten, daß doch ein anderer unverdient den Rahm wegschlürft? Sind die als Manager, Politiker, Unternehmer getarnten Ausbeuter so naiv, daß sie glauben, die Mehrheit der Menschen würden ihre Verlogenheit nicht bemerken?

Ich möchte ein positives Zeichen setzen mit dieser Aufkleberaktion.

Dieser Aufkleber will auf dreifache Weise das Gegenteil demonstrieren:

1. Zeigt er etwas, das man nicht käuflich erwerben kann, nämlich den Sterntaler, den das kleine Mädchen im gleichnamigen Märchen vom Universum geschenkt bekommt. Magische Geschenke sind nie käuflich zu erwerben.

2. Kann derjenige, der den Aufkleber zeigt und/ oder verbreitet, damit demonstrieren, daß er oder sie nicht käuflich ist. Das impliziert, daß man sich Gedanken darüber macht, inwieweit man selbst käuflich ist oder nicht und wie weit man sich von Geld abhängig gemacht hat. (Natürlich handelt es sich dabei um eine Idealvorstellung und Abweichungen sind in einer bestimmten Bandbreite normal, aber man darf das Ideal nicht aus den Augen verlieren.)

3. Handelt es sich bei diesem scheinbar naiven Bild um ein mächtiges magisches Symbol, das bei ausreichender Verbreitung die Macht hat, die Dominanz des Geldes zu brechen. Allerdings werden dafür viele Mitstreiter gebraucht. Überlegen Sie nur, wieviele Dollarnoten in der Welt unterwegs sind … Sie können sich die Dimension ausmalen!

Andererseits ist dies eine magische Aktion, und wie die geneigten LeserInnen des Buches wissen, folgt die Magie keinen logischen Gesetzmäßigkeiten. Ein einzelner Aufkleber könnte zum richtigen Zeitpunkt am richtigen Ort die Wende herbeiführen.

Und wie sagen die Chinesen: Selbst eine Reise von 10.000 Meilen beginnt mit dem ersten Schritt.

In diesem Sinne freue ich mich über jede und jeden, der/die die Aufkleberaktion unterstützt.

Die Aufkleber sind zu beziehen über den Verlag:

NEUE ERDE Verlag GmbH, Cecilienstr. 29, 66111 Saarbrücken

gegen einen frankierten Rückumschlag und 55 Cent in Briefmarken. Dafür bekommen Sie vier Aufkleber.

10 Aufkleber kosten 1,10 Euro. Größere Mengen bitte anfragen.

Nähere Infos zur Aktion unter: www.barbarastern.de.

Sie finden unsere Bücher in Ihrer Buchhandlung oder im Internet unter *www.neueerde.de*

Bücher suchen unter: *www.buchhandel.de*. (Hier finden Sie alle lieferbaren Bücher und eine Bestellmöglichkeit über eine Buchhandlung Ihrer Wahl.)

Bitte fordern Sie unser Gesamtverzeichnis an unter

NEUE ERDE Verlag
Cecilienstr. 29 · D-66111 Saarbrücken
Fax: 0681 390 41 02 · info@neueerde.de